_____ 에게

우리 역사 속에서 더 밝은 미래를 찾길 바라며

열 살에 꼭 알아야 할
한국사

열 살에 꼭 알아야 할
한국사

김영호 지음 | 이용규 그림

어린이
나무
생각

책머리에

역사는 왜 배워야 할까요?

아직 어린 여러분이라고 해도 지난날을 돌이켜 보면 정말 많은 일이 떠오를 것입니다. 잘한 일, 잘못한 일, 칭찬받은 일, 꾸지람 들은 일, 힘들었지만 잘 이겨 낸 일, 아쉽고 후회되는 일 등등 나름대로 개인의 역사를 가지고 있을 것입니다.

"그때 정말 잘했던 것 같아."

"아, 그때 내가 왜 그랬지?"

마음 뿌듯한 일은 더욱 잘해야겠다고 마음을 먹고, 후회되는 일은 다음부터 그렇게 하지 않겠다고 다짐도 합니다. 사람은 해야 할 것과 하지 말아야 할 것을 지난 과거를 통해 배우면서 더욱 바람직하게 성장하고 발전하고자 합니다.

개인뿐만 아니라 많은 사람이 더불어 사는 사회, 국가의 역사도 마찬가지입니다. 한국사는 바로 우리나라, 우리 민족이 살아온 발자취를 담은 우리의 역사입니다. 그 과정을 보면 자랑스러운 역사도 있고 부끄럽거나 불행한 역사도 있습니다. 계승하여 발전시켜야 할 역사도 있지만, 다시는 반복하지 말아야 할 역사도 있지요.

즉, 개인이든 국가든 역사를 통해 깨달아야 할 중요한 점은 지난 발자취를 살펴보며 올바른 기준을 세우는 것입니다. 여러분이 자신의 과거인 개인의 역사를 통해 스스로 옳고 그름을 판단하여 더 나은 미래를 꿈꾸듯이 국가나 민족도 마찬가지라는 것이지요.

　우주 안의 태양계, 태양계 안의 지구, 그 지구 안에서도 동북아시아의 작은 반도 국가인 대한민국은 우리 조상들의 피와 땀으로 지켜 온 소중한 나라입니다. 또한 지금 세대인 어린이 여러분뿐만 아니라 우리의 후손들도 행복하게 살아갈 터전이기도 합니다.

　한국사를 공부하는 것은 어떤 과정을 거쳐 나의 아버지의 아버지, 할아버지의 할아버지에서부터 오늘날까지 도달했는지를 알아보는 것입니다. 그것은 앞으로 어떻게 살아야 할지를 알려 주는 소중한 거울을 보는 것과 같습니다. 그 거울을 보면서 자랑스럽게 이어 갈 것은 계속 발전시키고 잘못된 것은 반복하지 말아야 한다는 것이지요. 왜냐하면 개인의 삶도, 국가나 민족의 역사도 이미 일어난 일은 결코 되돌릴 수 없기 때문입니다.

　이 책은 우리나라 역사의 중요성과 함께 오늘날의 어린이들이 역사를 공부해야 하는 까닭을 담고 있습니다. 한국사가 외울 것이 많은 어렵고 힘든 공부가 아니라, 어린이 여러분의 앞날을 인도해 주는 소중한 공부라는 것을 알았으면 하는 바람으로 쓴 책입니다. 어떻게 사는 것이 우리 모두 더불어 행복하게 살아갈 수 있는지 생각하는 계기가 되면 좋겠다는 바람으로 쓴 책입니다.

어린이 여러분이 살아가는 지금 순간순간이 뒷날 우리 역사의 한 부분이 될 것입니다. 아름답고 멋지게 기록되기 위해서는 하루하루의 삶에 최선을 다해야 합니다. 여러분의 마음속에 이런 다짐이 자리 잡기를 바라는 마음이 이 책에 담겨 있습니다.

끝으로 어린이 여러분이 즐겁게 읽을 수 있도록 많은 노력을 기울여 준 나무생각 출판사 여러분에게 고맙다는 인사를 전합니다.

김영호

차례

책머리에 역사는 왜 배워야 할까요? · 4

1장 할아버지는 아직 구석기 시대 · 12
열 살 한국사 – 인류의 시작과 진화 · 16

2장 곰한테 진 호랑이 · 22
열 살 한국사 – 고조선의 8조법 · 26

3장 한류는 언제부터? · 30
열 살 한국사 – 삼국 시대에도 한류가? · 36

4장 역사도 장점과 단점이 있다 · 40
열 살 한국사 – 우리 민족이 세운 국가들 · 44

5장 멋지게 이긴 전쟁들 · 47
열 살 한국사 – 고구려와 수나라 · 51

6장 우리 반은 삼국 시대 · 58
열 살 한국사 – 불교의 전파 · 62

7장 오랜 역사를 품은 한강 · 66
열 살 한국사 – 삼국 통일을 이룬 신라 · 70

8장 우리 바다 지킴이 · 76
열 살 한국사 – 당나라에 코리아타운이 있었다고? · 80

9장 끈질기게 나라를 지킨 우리 민족 · 85
열 살 한국사 – 거란과 몽골의 침입을 막아 낸 고려 · 87

10장 스마트폰이 역사를 바꾸다 · 93
열 살 한국사 – 역사를 바꾼 혁명 · 98

11장 최초의 로켓 신기전 · 102
열 살 한국사 – 신기전의 발명 · 105

12장 더불어 잘 사는 세상 · 112
열 살 한국사 – 어려운 백성을 살핀 정조 대왕 · 115

13장 오, 필승 코리아 · 123
열 살 한국사 – 태극기, 애국가, KOREA · 126

14장 할아버지, 아빠 그리고 나 · 133
열 살 한국사 – 민주주의의 꽃, 선거 · 139

15장 효린이의 전학 · 144
열 살 한국사 – 국토의 균형 발전 · 149

16장 세계 속의 대한민국 · 154
열 살 한국사 – 세계화 시대와 문화 교류 · 157

1장
할아버지는 아직 구석기 시대

오늘은 날씨가 화창한 토요일입니다. 모내기를 돕기 위해 우람이네 가족은 할아버지 댁을 향해 출발했습니다. 우람이는 신이 났습니다.

"아빠, 작년처럼 냇가에서 물고기 잡을 거예요?"

"그래, 오늘 물고기를 잡아서 맛있게 매운탕 끓여 먹자. 대신 내일은 우람이도 모내기하는 거 열심히 도와야 한다. 알았지?"

"어째 당신이 더 신 난 거 같네요."

우람이와 아빠의 대화에 엄마가 끼어들며 웃었습니다.

"그런가? 하하하!"

그날 오후 할아버지와 아빠, 우람이는 냇가에서 뜰망으로 미꾸라지, 피라미 등 물고기를 잡았습니다. 할머니와 엄마는 쑥과 냉이, 취나물 등을 캤습니다. 할머니는 귀한 손자가 왔다며 집에서 기르는 암탉도 잡았습니다.

푸짐한 저녁상을 차려 배불리 먹고 나서 평상에 앉으니, 밤하늘의 별이 쏟아질 듯 반짝입니다.

"매일 이렇게 살면 좋겠다, 자연을 벗 삼아 원시인처럼."

'원시인'이라는 아빠의 말에 순간 우람이의 귀가 번쩍 뜨입니다.

"아빠! 정말 원시인처럼 살고 싶어요?"

"아니, 원시 시대로 돌아가자는 것이 아니라 이렇게 자연에서 사는 것이 좋다는 거지. 어찌 보면 오늘 우리가 한 시골 생활도 원시 생활과 비슷하다고 할 수 있지."

"그럼 오늘 우리가 원시인이 된 거네요? 물고기도 잡고, 나물도 캤으니까요. 구석기 시대나 마찬가지잖아요. 하지만 닭은 집에서 기른 거니까 사냥은 아닌가?"

"모르는 말씀! 신석기 시대부터 이미 가축을 기르기 시작했어."

"그렇게 오래전부터 가축을 길렀어요?"

"그럼."

"우아! 그렇다면 아직도 석기 시대의 생활 방식이 남아 있는 거네요.

그럼 할아버지하고 할머니는 구석기 시대, 신석기 시대 사람이라고 할 수 있나요?"

"우람아, 그게 무슨 말이냐?"

눈이 휘둥그레진 아빠가 물었습니다.

"할아버지하고 할머니는 매일 물고기 잡고, 닭 기르고, 나물 캐고, 가을에는 밤도 따고, 감도 따잖아요."

"그럼 우람이도 할아버지 손자고 물고기를 잘 잡으니까 구석기 시대 사람인가?"

가만히 듣고 있던 할아버지가 한마디 했습니다.

"네? 저는 아니에요. 저는 오늘 구석기 시대에 놀러 온 거예요."

"뭐라고? 하하하!"

우람이의 재치 있는 대답에 할아버지를 포함한 가족들이 모두 크게 웃었습니다.

인류의 시작과 진화

지구는 약 45억 년 전 태양계의 다른 행성 및 위성들과 함께 탄생했다고 합니다. 막 생겨난 지구는 커다란 불덩어리와 같아 어떤 생명체도 살 수 없었습니다. 그런 상태가 아주 오랜 기간 계속되다가, 지구가 조금씩 변화하면서 생명체가 나타났습니다.

지구에 생명체가 살게 된 것은 약 10억 년 전입니다. 진화론에 따르면 아메바 같은 단세포가 점점 진화하고 분화하여 식물과 동물이 나타났고, 공룡도 나타났다가 사라졌다고 합니다.

우리와 비슷한 최초의 인류는 지금으로부터 약 300만 년 전에 나타났던 오스트랄로피테쿠스입니다. 그리고 약 200만 년 전에 호모 하빌리스(도구를 쓴 사람), 그 뒤를 이어 호모 에렉투스(곧게 선 사람)가 나타났습니다. 이들은 불을 사용하고 사냥과 채집을 하며 살았습니다. 지금으로부터 약 20만 년 전에는 호모 사피엔스(지혜가 있는 사람)에 속하는 네안데르탈인이 나타났습니다. 그리고 오늘날의 현생 인류인 호모 사피엔스 사피엔스(슬기슬기 사람)가 약 4만 년 전에 나타났습니다.

원시 시대의 인류는 이리저리 옮겨 다니며 먹을 것을 찾아 헤맸습니다. 주로 남자들은 무리를 지어 다니며 사냥을 했고, 여자들은 나무 열매나 곡식 등의 먹을거리들을 따거나 줍는 채취 활동을 했습니다. 또 냇가나 강가에서 물고기를 잡거나 조개를 캐고는 했습니다. 지금처럼 그물이나 좋은 낚싯대는 없었지만 아주 훌륭한 어로 활동이었습니다.

인간은 겉으로 봤을 때는 다른 동물들보다 뛰어난 점은 없어 보였습니다. 날카로운 발톱이나 강한 이빨이 있는 것도 아니고, 다른 동물들보다 엄청나게 빨리 달리는 것도 아니었습니다. 몸을 보호하는 두꺼운 가죽이나 털도 없었습니다. 이렇게 외형적으로는 약해 보이던 인간이 불과 몇천 년 만에 만물의 영장이라 불리며 모든 것을 바르게 변화시켜 왔습니다. 그 이유는 인간에게는 동물과 구별되는 세 가지 특징이 있었기 때문입니다. 바로 곧게 서서 걷는 직립 보행을 하고 도구와 불을 사용한 것입니다.

먼저 인간이 바로 섰다는 것은 멀리까지 내다볼 수 있게 되었다는 것을 뜻합니다. 멀리까지 내다봄으로써 주변의 위험을 미리 알아챌 수 있었고, 두 손을 자유롭게 사용할 수 있었습니다.

둘째, 동물과 달리 손이 자유로워진 덕분에 도구도 만들어 사용하게 되었습니다. 돌이나 나무 등 도구의 사용은 생활에 커다란 변화를 가져왔습니다. 도구는 생활에 필요한 연장이 되기도 하고, 맹수를 사냥하는 무기도 되었습니다. 먼 곳까지 사냥하러 갈 수 있게 되면서 활동 영역도 넓어졌습니다. 도구를 사용하면서 짐승의 가죽으로 옷을 만들고, 더 많은 먹을거리를 얻을 수 있었기에 매서운 추위를 이길 수도 있었습니다.

 셋째, 불의 사용은 인류의 발전에 큰 변화를 가져왔습니다. 물론 인류도 처음에는 불을 무서워했습니다. 하지만 불의 이로움을 깨닫고 불을 피우는 방법을 알아냄으로써 큰 변화를 겪었습니다. 불로 맹수의 공격을 물리치고, 추위를 이겨 낼 수 있었으며, 음식을 익혀 먹는 것은 물론, 밝은 불을 이용해 밤에도 활동하게 되었습니다.

 구석기 시대 사람들은 거친 돌을 떼어 내 주먹 도끼 등을 만들어 사용했고, 신석기 시대 사람들은 돌을 갈아서 간석기를 만들고 흙으로는 토기를 만들어 곡식을 조리하거나 보관했습니다. 또 씨앗을 뿌리면 열매나 곡식이 열린다는 것을 마침내 발견해서 농사를 짓기 시작했습니다.

 농사를 지으면서 사람들은 먹을 것을 찾으려고 이리저리 옮겨 다니지 않고 한군데 머물러 살게 되었는데, 이것은 인류에게 엄청난 변화를 가져왔습니다. 이를 '신석기 혁명'이라 부릅니다.

구석기와 신석기 시대의 생활 비교

	구석기 시대	신석기 시대
도구	뗀석기와 불을 사용함.	간석기를 사용함.
의생활	짐승의 가죽으로 옷을 만들어 입음.	가락바퀴를 이용하여 실을 만들고, 옷이나 그물도 만들어 사용함.
식생활	① 자연에서 사냥이나 채집을 하며 먹을거리를 찾음. ② 불로 음식을 익혀 먹음.	① 농사를 짓기 시작함. ② 빗살무늬 토기에 곡식을 조리하거나 저장함. ③ 채집, 고기잡이, 사냥을 하고, 가축을 기름. ④ 갈판과 갈돌로 곡식 껍질을 벗기거나 가루를 내어 먹음. ⑤ 그물추나 뼈로 만든 낚싯바늘로 고기잡이를 함.
주생활	① 먹을 것을 찾아 옮겨 다님. ② 동굴이나 바위 아래에서 무리 지어 생활함.	움집을 짓고 모여서 생활함.

반구대 암각화

바위나 벽면 등에 다양한 그림이나 기호 등을 새겨 넣은 그림을 암각화라고 한다. 구석기 시대로 추정 되는 암각화도 발견되기는 하지만, 대부분의 암각화 는 신석기 시대부터 만들어졌고, 청동기 시대에 가장 많이 만들어졌다.

반구대 암각화의 그림

바위에 그려진 그림을 보면 당시 사람들의 생활을 알 수 있다. 특히 1971년에 발견된 울주군 대곡리 반구대 암각화 를 보면, 사슴, 고래, 거북, 물고기, 호랑이, 멧돼지, 곰, 여우 그리고 사람 등 이 그려져 있다. 또한 고래잡이의 모습, 배와 어부의 모습, 짐승을 사냥하는 모습 등이 그려져 있다.

이를 통해 당시에는 주로 물고기나 동물을 사냥해서 먹고살았음을 알 수 있다. 고기잡이나 사냥을 하러 나가서 많이 잡아 배불리 먹기를 원했던 바람을 담아 그림을 바위에 새긴 것으로 생각된다. 대곡리 반구대 암각화는 국보 제285호 로 지정되어 있다.

2장
곰한테 진 호랑이

　조회 시간에 선생님이 오늘 체육 시간에는 5반과 피구 경기를 할 예정이니, 프로 야구 팀처럼 반마다 재미있는 팀 이름을 지어 응원하자고 했습니다. 우람이네 3반은 타이거즈(호랑이) 팀으로 하기로 했고, 5반은 베어스(곰) 팀으로 하기로 했습니다.

　드디어 기다리던 체육 시간이 되었습니다.

　"타이거즈 파이팅! 어흥!"

　"베어스 파이팅! 으르렁!"

　두 반이 서로 '어흥', '으르렁' 하며 응원을 했습니다. 경기가 시작되자, 5반에서 가장 키가 크고 공을 잘 잡는 세 명이 맨 앞으로 나왔습니다. 나머지 선수들은 뒤로 숨었습니다. 3반이 아무리 공을 힘껏 던져도 앞으로 나온 세 명이 척척 잡아 다른 5반 아이에게 던져 주었습니다. 우왕좌왕하던 3반은 그만 경기에서 지고 말았습니다.

"5반 베어스 승리!"

"와!"

교실로 돌아온 3반 친구들은 다들 기운이 빠져 보였습니다. 우람이와 민국이도 영 기분이 좋지 않았습니다.

"원래 호랑이가 힘이 더 센데 곰한테 지다니, 에휴!"

우람이의 말을 들은 선생님이 말했습니다.

"뭐, 단군 신화랑 비슷한 점도 있구나."

선생님의 말이 무슨 뜻인지 바로 알아듣지 못한 우람이와 민국이는 서로 얼굴만 마주 보았습니다. 멍한 표정을 짓고 있는 둘을 보고 선생님이 덧붙여 설명해 주었습니다.

"하늘 신인 환인의 여러 아들 중 환웅은 인간 세상에 뜻을 두고 땅에 내려가 살고 싶어 했단다. 환인은 그런 환웅에게 땅에 내려가 세상을 다스리라고 했지. 환웅은 바람을 다스리는 풍백, 비를 다스리는 우사, 구름을 다스리는 운사 등 3천 명의 무리를 거느리고 태백산 꼭대기 신단수 밑으로 내려왔단다. 그리고 곡식, 목숨, 질병, 형벌, 선악 등 무롯 인간의 360여 가지 일을 주관하며 세상을 다스렸지. 그때 곰 한 마리와 호랑이 한 마리가 환웅에게 찾아와 사람이 되고 싶다고 빌자, 환웅은 신령스런 쑥 한 줌과 마늘 스무 쪽을 주며, 그것을 먹고 100일 동안 햇빛을 보지 않으면 사람이 될 것이라고 말했단다. 잘 참아 낸 곰은 삼칠일 만에 여자의 몸이 되었으나, 호랑이는 참지 못하고 중간에 뛰쳐나가는 바람에 사람이 되지 못했단다. 곰에서 여자로 변한 웅녀가 혼인할

데가 없어 신단수 아래에서 빌자, 환웅이 잠깐 인간으로 변신하여 웅녀와 혼인을 했지. 웅녀는 아들을 낳았는데, 그가 바로 고조선을 세운 단군왕검이란다."

"곰이 진짜 사람이 될 수 있나요?"

민국이가 선생님에게 물었습니다.

"민국아, 단군 신화는 실제의 일을 그대로 옮긴 것은 아니지만, 당시의 시대상을 반영하고 있단다. 곰이 사람으로 변했다는 이야기는 진짜 일어난 일이 아니라, 곰을 숭배하는 부족이 호랑이를 숭배하는 부족을 이겼다는 걸 상징한다고 볼 수 있어. 결국 고조선은 환웅으로 대표되는 종족과 웅녀로 대표되는 종족이 합쳐져서 세운 새로운 국가라고 추측할 수 있지."

"그럼 신화는 꾸며 낸 이야기란 건가요?"

"환상적인 이야기인 신화는 실제 역사와 많이 다를 수 있어. 그렇지만 이야기 속의 의미를 잘 풀어 보면 그 당시 사람들의 생각과 생활 모습을 알 수 있단다."

"휴, 선생님. 어쨌든 우리는 곰한테 진 호랑이가 된 거네요."

민국이가 자리에 털썩 주저앉으며 한숨을 쉬었습니다.

고조선의 8조법

 단군 신화 이외에도 고조선의 시대상을 알아볼 수 있는 여러 가지 이야기들이 전해집니다. 그중의 하나가 '8조법'입니다. 8조법은 아직 법의 모습을 완전히 갖추지는 못했지만, 고조선이 고대 국가로서 기틀을 마련했다는 것을 보여 줍니다. 8조법 중에서 현재까지 알려진 것은 세 가지 정도입니다.
 첫째, '사람을 죽인 자는 즉시 죽인다.'는 법입니다. 이를 통해서 당시에도

인간의 생명을 소중하게 여겼음을 알 수 있습니다. 또한 농사를 짓는 노동력이 매우 중요했다는 것도 추측해 볼 수 있습니다.

둘째, '남에게 상처를 입힌 자는 곡물로써 갚는다.'는 법입니다. 이를 통해서는 개인이 자기 재산을 가질 수 있었다는 것과, 남을 해치는 것을 철저하게 벌했음을 알 수 있습니다.

셋째, '도둑질한 자는 그 집의 노비로 삼는다. 단, 노비를 벗어나고자 할 때는 50만 전의 돈을 내야 한다.'는 법입니다. 이 시대에 노예 제도와 화폐 제도가 있었다는 것을 알 수 있습니다.

8조법을 통해 우리는 고조선 시대에 이미 엄격한 형벌 제도가 있었음을 알 수 있습니다. 또한 사유 재산제가 상당히 발달했고, 이미 귀족, 평민, 노예 등으로 신분이 나누어진 사회였음을 알 수 있습니다.

우리 민족의 뿌리

동쪽 아시아에 터전을 잡은 우리 민족은 피부색에 따라 황인종으로 분류되고, 언어학적으로는 알타이 어족 언어에 속한다고 볼 수도 있다. 알타이 어족은 구석기 시대 후기에 시베리아의 추운 지방에서 터전을 잡고 독특한 시베리아 청동기 문화를 발달시켰다.

한반도의 청동기 문화 역시 시베리아에서 출발해 몽골, 만주를 거쳐 한반도로 전해졌다. 우리 민족은 만주와 한반도에 정착하면서 주위 환경에 적응하여 농경 문화와 청동기 문화를 이루었다. 특히 한반도에 이르러서는 가축을 기르기보다는 거의 농경을 하며 오늘날의 한민족을 이루었다.

그렇게 촌락 단위로 무리를 지어 살다가 더 큰 무리인 부족 공동체를 형성했고, 그 부족 공동체들이 모인 최초의 국가가 바로 고조선이다. 고조선을 대표하는 청동기 유

대표적인 청동기 유물인 비파형 동검

강화 부근리에 있는 고인돌

물로는 비파 모양의 칼(비파형 동검)과 미송리식 토기, 고인돌 등이 있다. 유물이 발견된 곳으로 보아 고조선은 지금의 북한과 만주 지방을 중심으로 세워지고 발전한 국가임을 알 수 있다.

특히 고조선은 기원전 4세기 무렵 큰 세력을 형성하며 점차 본격적인 국가의 모습을 갖추었다. 철기 문화를 받아들인 뒤로는 그 세력이 더욱 강해져 주위의 작은 부족 국가를 대표하는 국가가 되었다. 이후 정치적, 사회적으로 법과 제도를 만들어 보다 안정적인 국가 공동체를 이뤘다.

3장
한류는 언제부터?

"와우! 강남 스타일!"

우람이와 민국이가 칠판 앞으로 나와 신 나게 말 춤을 춥니다. 점심시간, 선생님이 교무실에 간 틈을 타서 친구들 앞에서 그동안 연습해 온 춤을 자랑하는 겁니다. 덩달아 친구들도 즐겁게 맞장구를 치며 따라합니다.

"나는 3반 스타일! 아얏!"

갑자기 누군가가 우람이에게 꿀밤을 때렸습니다. 뒤를 돌아보니 선생님이었습니다. 보고 있던 아이들이 깔깔대고 웃었습니다. 선생님도 웃으며 말했습니다.

"에구, 녀석들, 모두 자기 자리로 가서 앉아."

그때 수업 시작종이 울렸습니다. 5교시는 사회 시간입니다. 우람이가 손을 번쩍 들었습니다.

"선생님, 우리나라 아이돌 스타의 노래와 춤이 왜 다른 나라에서 인기가 높은가요?"

"우람이가 춤만 잘 추는 것이 아니라, 수업 시간에 질문도 멋지게 잘하는군요. 요즘 외국에서 한국 문화가 큰 인기를 얻고 있어요. 왜 그런지 여러분의 생각을 발표해 볼까요?"

우람이에게 질세라 민국이도 손을 번쩍 들었습니다.

"우리나라 아이돌 가수들은 정말 예쁘고 잘생겼어요. 그리고 노래도 잘하고 춤도 진짜 멋지게 춰요."

"다른 나라 아이돌 가수들도 잘생겼을 거 같은데요? 단지 잘생기고, 노래 잘 부르고, 춤을 잘 춰서 그럴까요? 다른 이유가 있을 거 같은데……. 그래, 민정이가 이야기해 볼까요?"

"음, 잘은 모르겠지만, 외국 사람이 보기에 우리나라 가수만의 독특한 매력이 있는 것 같아요."

"그래요, 바로 우리나라만의 독특한 매력, 문화가 숨어 있기 때문이에요. 사실 한류는 꽤 오래전부터 시작된 거예요."

　선생님은 다른 나라에서의 한류 열풍에 대해 이야기했습니다. 먼저 텔레비전 드라마가 중국이나 동남아시아 등에 소개되면서 큰 인기를 얻었다고 합니다. 우리나라 드라마를 보면 재미도 있지만 엄격하면서도 따뜻한 가족 사랑과 예의범절이 잘 표현되어 있다고 합니다.

　특히 드라마〈대장금〉은 한국 문화가 다른 나라에 소개되도록 물꼬를 트는 역할을 했습니다. 우선 드라마의 인기가 높아 전 세계 여러 나라에 수출되어 방영되었습니다.〈대장금〉내용에 담겨 있는 우리 고유의 음식 문화와 한방 의료, 궁중 문화, 순박한 사람들의 모습 등이 동서

양 가릴 것 없이 많은 이들에게 큰 인기를 얻었습니다. 그 이후에도 다양한 드라마를 통해 우리나라 고유의 문화와 자연, 그리고 현재 모습이 알려지게 되었습니다.

또한 케이팝(K-POP)이라 불리는 한국 대중음악에 큰 매력을 느낀 외국인들이 한국어로 된 노래를 듣고 따라 부르기도 합니다. 그리고 그렇게 드라마와 케이팝의 매력에 빠진 많은 외국인들이 우리나라에 대해 궁금하게 여기고 직접 방문하기도 합니다.

"한류에 관심이 높은 외국인들이 우리나라를 방문한다면 주로 어디를 구경하러 갈까요?"

선생님의 질문에 모두 앞다투어 큰 소리로 대답했습니다.

경복궁, 덕수궁, 민속촌, 해인사, 불국사, 북한산, 설악산을 비롯하여 임진각, N 서울타워, 서울열린광장, 명동, 남대문 시장, 인사동, 대학로, 외국에서 인기가 많은 드라마 촬영지 등등.

"야, 우리 3반 친구들 정말 잘 알고 있는데요. 모두 정답이에요. 이렇게 우리나라 5천 년의 역사와 더불어 조상들의 숨결이 남아 있는 장소들과 현재 우리나라의 유행과 문화를 직접 체험할 수 있는 곳들을 외국인들이 많이 찾지요. 한류의 열풍에는 이렇게 우리 역사의 다양한 문화와 전통도 큰 역할을 하고 있답니다."

그때 동배가 손을 번쩍 들었습니다.

"선생님, 빠진 곳이 있어요. 한식 음식점이요. 저번에 식당에 가서 보니 외국인이 젓가락질이 서툰데도 불고기를 먹고 있었어요."

"맞아요. 불고기도 우리나라 고유의 음식 문화예요. 그런데 동배야, 불고기는 네가 좋아하는 거 아니니?"

"네. 저는 불고기가 제일 맛있어요."

동배의 대답에 선생님과 반 아이들은 '그러면 그렇지!' 하며 고개를 끄덕였습니다.

"한국 문화가 외국에 알려지면서 우리 전통문화에 대한 외국인들의 관심도 높아지고 있어요. 음식 문화에 대한 관심 역시 높아지고 있지요. 미국 오바마 대통령의 영부인인 미셸 오바마 여사가 정원에서 기른 배추로 김치를 담근 내용을 트위터에 올려서 화제가 된 적도 있지요."

"민국아, 너도 급식 먹을 때 김치 남기지 마. 외국 사람들도 김치를 먹는데 한국 사람인 네가 김치 먹는 걸 싫어하면 되겠냐?"

갑자기 동배가 큰 소리로 이야기하는 바람에 민국이의 얼굴이 순간 빨개졌습니다. 아이들이 킥킥 웃어 대자, 선생님이 말했습니다.

"조용, 조용! 우리가 역사를 공부하는 이유는 이렇게 현재를 살고 있는 우리 주변에도 역사가 살아 있고, 우리는 역사를 통해서 소중한 지혜를 얻을 수 있기 때문이에요. 자, 오늘 수업 끝!"

갑자기 우람이는 궁금해졌습니다. 역사를 배우면 소중한 지혜를 얻을 수 있다니요? 우람이는 지금까지 역사라고 하면 그저 재미있는 옛날이야기라고만 여겼습니다. 도대체 역사 속에는 어떤 지혜가 숨어 있는 걸까요?

삼국 시대에도 한류가?

요즘 일본에서는 우리나라 드라마와 연기자, 아이돌 가수의 인기가 대단히 높습니다. 한류도 일종의 문화 전파라고 할 수 있습니다. 사실 우리나라와 일본은 거리상 가깝기 때문에 아주 오래전부터 문화 교류를 해 왔습니다.

고구려, 백제, 신라는 중국 대륙으로부터 앞선 문물을 받아들여 독자적인 문화로 발전시켰고, 그 발전된 문화를 일본에 전함으로써 일본의 고대 국가가 만들어지고 문화가 발전하는 데 큰 역할을 하였습니다.

　특히 오랜 기간 일본과 가까운 관계를 유지한 백제는 일본 고대 국가에 많은 영향을 미쳤습니다. 일찍이 근초고왕 때 백제의 아직기와 왕인이 일본에 건너가 한문을 가르치고 유학을 널리 알려 주었습니다.

　백제의 성왕 때에는 학자들을 보내어 일본의 지도층들에게 유학과 앞선 기술을 가르치도록 했고, 불교를 전파하였습니다. 백제 위덕왕의 아들인 아좌 태자가 일본에 불교를 일으킨 쇼토쿠 태자의 스승이 되어 그의 초상화를 그려

주었다고도 전해집니다. 백제 문화의 영향으로 일본에는 백제 가람(절)이라는 건축 양식도 생겨났습니다. 이와 함께 백제왕이 하사한 철제 칼인 칠지도가 현재까지 전해져, 일본의 국보로 지정되어 있습니다.

  고구려는 백제만큼 일본과 자주 왕래를 하지는 않았지만, 승려들을 통해 여러 가지 문화를 일본에 전하였습니다. 고구려의 영양왕 때 일본에 건너간 혜자는 일본에 20년이나 머물면서 고구려의 문화를 전파하였습니다. 또한 고구려의 승려였던 담징은 유교의 5경과 그림을 가르치고, 종이와 먹의 제조 방법도 가르쳤습니다. 특히 일본의 자랑거리인 호류 사의 〈금당 벽화〉는 담징이 그린 것으로 추정되고 있습니다.

  삼국 중 신라의 위치가 일본과 가장 가까웠지만, 크고 작은 싸움이 잦아 문화 교류가 그리 활발하지는 않았습니다. 그러나 신라 역시 일본에 조선술(배 만드는 기술), 축제술(저수지 쌓는 기술)을 전해 준 것 외에도 의약, 불상 등을 전하며 일본의 문화 발달에 적지 않은 영향을 끼쳤습니다.

호류 사

호류 사는 일본 고대사의 황금기인 아스카 시대의 절로, 세계에서 가장 오래된 목조 건축물 가운데 하나이다. 1993년에 유네스코 세계 문화유산으로도 지정되었다.

호류 사는 일본의 쇼토쿠 태자가 세운 절이다. 우리에게는 고구려 승려 담징이 호류 사 금당에 그렸다는 〈금당 벽화〉로 잘 알려져 있다. 하지만 호류 사가 불에 타서 소실된 것을 다시 지었다는 설이 있어 현재 남아 있는 〈금당 벽화〉의 작가가 누구인지는 명확하지 않다.

호류 사는 금당과 탑이 있는 서원과 몽전이 있는 동원으로 나뉘는데, 여기에 일본의 국보에 해당하는 보물들이 많이 보관되어 있다. 일본 3대 목조 불상 중 하나이자 백제 불교 문화의 진수를 느낄 수 있는 〈백제 관음상〉도 이곳에 보관되어 있다. 이와 같은 유물을 통해 한반도에서 일본으로 문화가 전해졌다는 것을 알 수 있다.

일본 나라 현의 호류 사

4장
역사도 장점과 단점이 있다

그날 저녁을 먹으며 우람이는 엄마, 아빠에게 쉬는 시간에 친구들 앞에서 말 춤을 춘 일을 이야기했습니다. 그러다가 사회 시간에 선생님이 말한 것이 생각나 물어보았습니다.

"엄마, 아빠! 〈대장금〉이라는 드라마 보셨어요?"

"그럼, 진짜 인기가 많았지. 엄마, 아빠도 정말 감동 깊게 봤어. 우리 고유의 문화가 얼마나 훌륭한지 깨닫게 해 준 드라마였지."

"재미있는 드라마도 보고 역사도 배우고 일석이조네요. 그런데 우리 선생님이 역사를 알면 소중한 지혜를 얻을 수 있다고 하셨는데, 그게 무슨 말이에요?"

"좀 더 쉽게 설명해 줘야겠구나. 우람이는 우리 민족이 가장 잘 살았던 때가 언제라고 생각하니?"

"음, 세종 대왕이 나라를 다스리던 때가 아닐까요?"

"가장 힘들었을 때는?"

"그건 다른 나라와 전쟁을 했을 때요. 임진왜란이나 일본에 나라를 빼앗겼던 일제 강점기요."

"왜 그렇게 생각하는데?"

"세종 대왕 때는 백성들이 살기 좋았고, 전쟁 때는 백성들이 다치거나 죽기도 하니까요."

아빠는 빙그레 웃으며 우리가 역사를 배우는 이유가 거기에 있다고 했습니다. 세종 대왕이 백성들을 잘 살게 하기 위해 어떤 정책을 세웠는지 알아보고 요즘에 맞게 연구하면 더욱 잘 사는 나라가 될 수 있다고 합니다. 다른 나라의 침략을 당한 것도 마찬가지라고 합니다. 당시 무엇이 문제였는지를 알아보면 미리 대책을 세워 국방을 튼튼히 할 수 있다는 것입니다.

아빠가 우람이에게 물었습니다.

"우람아, 사람은 누구나 장점과 단점이 있는데, 더 나은 삶을 살려면 어떻게 해야 하지?"

"장점은 더 키우고 단점은 고쳐야 되잖아요."

"빙고! 역사도 마찬가지야. 우리 조상들이 한 일들 중 본받아야 할 일은 더욱 발전시키고, 안타깝고 어두운 일은 다시 되풀이하지 않으려고 역사를 배우는 거란다. 왜 그렇게 되었는지를 역사에서 배워 지금에 맞게 계획하고 실천하면 돼. 그게 바로 조상들이 살아온 과정을 통해 지혜를 얻는 거지."

"아빠, 그럼 이 땅에 세워진 나라들의 순서부터 알아야겠어요. 그러면 역사를 이해하는 데 많은 도움이 될 것 같아요."

"당연하지. 시대별로 어떤 나라가 세워지고 그 당시 어떤 일이 있었는지를 알면 역사를 훨씬 쉽게 이해할 수 있겠지."

우람이는 속으로 생각했습니다.

'나라가 세워진 순서를 다른 친구들 몰래 알아두었다가 다음 사회 시간에 발표해야지. 흐흐, 내 발표에 선생님도 감탄하실걸.'

밥을 먹다 말고 어깨를 들썩이며 혼자 실실 웃는 우람이를 엄마, 아빠가 의아해하며 쳐다보았습니다.

우리 민족이 세운 국가들

역사를 살펴보면 수많은 사건이 일어났고, 또 그 사건들 속에는 수많은 인물들이 등장합니다. 큰 뜻을 품고 고난과 역경을 이겨 낸 인물들이 있는가 하면 나라를 위해 자신의 목숨을 바친 인물들도 많이 있습니다.

광활한 영토를 차지했던 고구려의 광개토 대왕, 삼국을 통일한 신라의 문무왕, 조선 시대에 한글을 만든 세종 대왕과 수원 화성을 세운 정조 대왕, 임진왜란 때 왜군을 물리친 이순신 장군, 물시계인 자격루와 비의 양을 재는 측우기를 만든 장영실, 3·1 만세 운동 때 누구보다 앞장서 대한 독립 만세를 외친 유관순 열사 등등.

몇천 년, 몇백 년 전에 일어난 사건과 인물의 이야기이지만 그 원인과 과정을 살펴보면 소중한 지혜를 얻을 수 있습니다.

이 땅에는 단군왕검이 고조선을 세운 이후, 고구려, 백제, 신라가 있었고, 삼국을 통일한 통일 신라가 있었습니다. 그 뒤 발해가 있었고, 다시 후삼국으로 분열됐지만 고려가 통일을 이뤘습니다. 고려 다음에는 조선이 있었고, 불과 100여 년 전에는 일본의 침략으로 우리나라가 일본의 식민지가 되기도 했습니다. 해방 뒤에는 남북으로 갈라졌고, 6·25 전쟁으로 전 국토가 폐허가 되었습니다. 하지만 우리 국민은 남북 분단의 어려움을 딛고 산업 발전에 힘쓴 덕분에 '한강의 기적'이라 불릴 정도의 큰 발전을 이루어 냈습니다.

이렇게 보면 새로운 나라가 세워졌다고 해서 이전의 나라에 있던 사람들이 전부 없어지고 새로운 사람들이 나타난 것이 아니라, 그곳에 살던 사람들이 계속 이어져 살아왔다는 걸 알 수 있습니다. 즉, 새롭게 국가가 탄생했다는 것은 전과는 다른 새로운 변화를 추구하고 시도했다는 뜻을 가지고 있습니다. 따라서 역사를 공부할 때에는 이 땅에 어떤 나라들이 생겨나 오늘날까지 이어져 왔는지 살펴보는 것이 중요합니다.

5장
멋지게 이긴 전쟁들

"아빠, 우리 민족은 왜 다른 나라의 침략을 많이 받았어요?"

"그건 한반도의 위치와 주변 상황을 이해하면 잘 알 수 있어. 한반도는 삼면이 바다로 둘러싸여 있고, 북쪽만 대륙인 중국과 이어져 있어. 지금이야 전쟁을 하면 전투기와 폭격기가 먼저 공격을 하지만, 예전에는 배로 쳐들어오는 경우가 많았지. 즉, 한반도의 위치가 중국이나 일본에서 쳐들어오기 좋은 위치라는 거지."

"한반도의 위치 때문이라고요?"

"한반도는 중국의 수도에서 멀리 떨어진 지역인데도 바다로 나가고

들어오는 길목이어서 늘 위협을 받았지. 여진, 거란, 만주족 등 유목 민족들도 세력을 키우거나 나라를 세우면 우리나라를 노리고 쳐들어오고는 했어."

"그렇지만 우리나라가 그 나라들에게 특별히 나쁜 짓을 한 것도 아니잖아요."

"옛날에는 어떤 나라가 힘이 세지면 주변 나라에게 신하의 나라, 동생의 나라라고 하면서 많은 것을 요구했어. 때로는 트집을 잡기도 하면서 말이야. 물론 평화로울 때는 나라 사이에 무역을 하기도 했지. 우리나라에서 인삼 같은 특산물을 중국에 보내고 중국에서는 서적이나 비단, 약재를 보내기도 했으니까……."

"아빠, 그럼 우리 민족이 전쟁에서 크게 이긴 적도 있어요?"

"임진왜란 때 이순신 장군이 명량에서 13척의 함선과 빈약한 병력으로, 133척의 배를 이끌고 침략해 온 왜군을 물리치는 대승을 거둔 적이 있었어. 이 명량 대첩은 세계 해전 역사에 길이 남을 대승리였지. 그리고 그 이전에는 고구려의 을지문덕 장군이 살수 대첩에서 중국 수나라의 30만여 명의 대군을 물리쳤어."

"30만 대군이면 얼마나 많은 거예요?"

"지금 우리나라 군대가 약 50만 명 정도니까 당시로서는 꽤 큰 규모의 병력이었지. 《삼국사기》에 의하면 당시 수나라 군대의 총수는 113만

명인데, 여기에 군량 수송을 맡은 군사들의 수까지 더하면 그 배가 넘었다고 해. 그래서 수나라가 고구려를 공격하기 위해 군대를 출발시키는 데만도 40일이 걸렸다는구나."

우람이는 깜짝 놀랐습니다.

"그 엄청난 수의 적군을 물리치다니 대단한 승리였네요."

"고구려에는 정말 대단한 승리였지. 그렇지만 전쟁의 역사를 보면서 반드시 생각할 것이 있단다. 바로 생명의 소중함이야."

아빠는 전쟁을 하면 수많은 병사들이 전쟁터에서 안타깝게 목숨을 잃게 된다고 말했습니다. 전쟁에서 이기고 지는 것을 떠나, 목숨을 잃은 병사의 가족들은 마음이 찢어지게 아프다는 것입니다.

아빠의 이야기를 다 듣고 난 우람이는 전쟁이 일어나지 않도록 자신의 작은 힘이라도 보태야겠다는 생각이 들었습니다. 전쟁을 일으키지도 말아야 하겠지만 침략을 받지 않도록 항상 준비하고 대비해야겠다는 생각도 들었습니다.

고구려와 수나라

한반도가 삼국 시대일 때, 중국 대륙은 어떠했는지 살펴볼까요? 당시 중국은 남쪽과 북쪽이 여러 나라로 나뉘어져 있다가 수나라의 문제가 589년에 마침내 통일을 이루었습니다. 당시 강대국이었던 수나라는 자기 나라가 세계의 중심이라고 여겼는데, 수나라가 더 뻗어 나가기 위해서는 만주 벌판과 한반도에 막강하게 버티고 있는 고구려가 걸림돌이었습니다.

598년에 고구려가 먼저 요서 지방을 공격하자, 수나라는 화가 단단히 났습니다. 수나라의 문제는 30만 대군을 이끌고 고구려를 쳐들어왔습니다. 하지만 고구려에 보기 좋게 패했습니다.

수나라의 문제에 이어 왕위에 오른 양제는 어떻게 해서든 고구려를 물리치고 체면을 세우고 싶어서 엄청난 규모의 군대를 몰고 고구려를 다시 침략했습니다. 양제는 바다와 육지 양쪽으로 고구려를 침공했습니다. 하지만 고구려 북방의 요동성이 쉽게 무너지지 않자 깊은 고민에 빠졌습니다. 그리하여 양제는 약 30만 명의 별동대를 보냈습니다. 이들에게 배를 타고 압록강을 건너게 해서 고구려의 수도인 평양성을 공격할 속셈이었습니다.

수나라 별동대는 평양성을 향해 전진하다 을지문덕 장군의 유인 작전에 걸려들었습니다. 을지문덕 장군은 수나라 군대에게 항복하는 척하고 적을 평양성에서 30리 떨어진 곳까지 끌어들였습니다. 그리고 오랜 진군으로 지친 수나라 군사들이 퇴각하기 위해 살수를 건널 때 총공격하여 큰 승리를 거두었습니다. 요동성까지 살아 돌아간 수나라 군사는 겨우 2,700여 명에 불과했다고 합니다. 결국 중국을 통일한 강대국이었던 수나라는 고구려와의 잦은 전쟁으로 국력을 크게 잃고 40년 만에 멸망하고 말았습니다.

고구려는 한반도를 넘어 만주 벌판까지 호령하던 막강한 나라였습니다. 고구려의 고분 벽화를 보면 말을 타고 활을 쏘는 고구려 병사들의 늠름한 기상을 엿볼 수 있습니다. 하지만 고구려가 살수 대첩에서처럼 늘 전쟁에서 승리한 것은 아닙니다. 수많은 패배와 함께 나라의 운명이 걸릴 만큼 큰 위기도 여러 번 있었다고 합니다.

고구려 16대 고국원왕 때 중국 대륙은 매우 혼란한 시기여서 북부 지역에만 5호 16국이 나타나 서로 세력을 키우려 다투었다고 합니다. 그중 선비족이 세운 '전연'이라는 나라가 고구려를 침략해 큰 위기에 처했습니다. 고구려의 수도까지 함락당하고 고국원왕은 황급히 도망을 쳤습니다. 이때 전연의 군사들이 고국원왕의 아버지인 미천왕의 무덤을 파헤쳐서 시신을 탈취했습니다. 게다가 고구려에서 철수할 때 5만 명이 넘는 고구려 백성들을 포로로 끌고 갔습니다.

겨우 위기를 넘긴 고구려를 이번에는 백제가 공격해 왔습니다. 백제의 근초

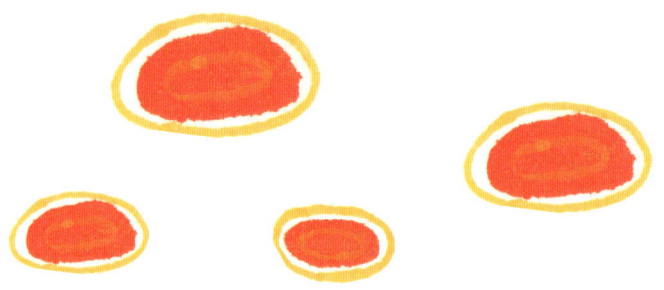

고왕은 직접 3만 군대를 이끌고 고구려 평양성을 공격했습니다. 이 전쟁에서 고구려의 고국원왕은 화살에 맞아 전사하고 말았습니다. 백제와의 전쟁에서 고구려가 간신히 평양성을 지키기는 했지만, 나라가 망할 수도 있는 매우 위험한 순간이었습니다. 그동안 막강한 힘을 가지고 있는 줄 알았는데 손쓸 새 없이 적들의 침략을 당하자, 고구려는 무조건 힘이 센 것만으로는 안 된다는 것을 알게 됩니다.

이후 고구려는 전략을 바꾸었습니다. 고국원왕의 아들인 소수림왕은 아픈 경험을 바탕으로 이전과는 다른 정책을 썼습니다. 먼저 북중국의 강자인 '전진'이라는 나라와 우호 관계를 맺었습니다. 약해진 나라의 힘을 키우기 위해서는 전쟁을 피해야 했기 때문입니다. 그리고 백성들의 마음을 하나로 모으기 위해 불교를 받아들이고 지금의 대학교와 비슷한 태학을 설립해 인재를 길렀습니다. 율령을 만들어 국가의 기틀도 바로잡았습니다. 국가의 기반을 튼튼하게 다지면서 멋지게 변신에 성공한 것입니다.

이런 일들은 소수림왕의 조카인 광개토 대왕 때 우리나라 역사상 가장 넓은 영토를 다스리는 국가를 만드는 밑바탕이 됩니다. 고구려가 동북아시아 최강국으로 성장할 수 있었던 비결은 바로 고국원왕 때의 아픈 역사를 소수림왕이 가슴속에 새기고 그 이후를 준비한 덕분입니다.

수나라에 이어 당나라가 다시 고구려를 침공해 왔고, 당시 고구려의 연개소문은 이 또한 잘 물리쳤습니다. 하지만 그 당시 당나라는 세계 최강국이었습니다. 여러 번의 전쟁에서 고구려가 크게 승리했지만 고구려의 국력이 쇠약해지면서 큰 혼란을 맞았습니다. 게다가 연개소문이 죽고 난 뒤, 그 아들들의 다툼으로 인해 고구려는 서서히 약해지기 시작했습니다. 결국 고구려는 신라와 당나라의 연합군에게 패하여 멸망하게 되었습니다.

삼국의 국가 성립

고구려는 2세기 태조 때 고대 국가로서의 기틀을 갖추게 되었다. 태조는 한사군의 하나인 현도를 쳐서 몰아냈고, 낙랑군을 공격하여 청천강 상류까지 진출하였으며, 옥저와 동예를 무릎 꿇려 동해안까지 세력을 넓혔다.

또한 계루부 고씨가 대를 이어 왕위를 물려받게 되면서 왕을 중심으로 한 국가로 발돋움했다. 이후 고국천왕 때 부족들이 왕권 아래로 들어옴으로써 왕을 중심으로 중앙 집권화가 더욱 보완되었다. 이후 4세기 소수림왕 때 율령을 반포하고 불교를 받아들였다.

백제는 3세기 고이왕 때 한강 유역을 차지하고 율령을 반포하는 등 국가의 기틀을 세웠다. 특히 왕의 권력을 키우기 위해 관리 제도를 마련했고, 신라의 국경을 침범하여 영토를 넓히는 등 왕 중심으로 제도를 발전시켜 나갔다. 이후 근초고왕 때 마한 전역을 통일하여 크게 발전했고, 4세기 말 침류왕 때 국가 제도를 가다듬고 불교를 인정함으로써 국가의 기본이 마련되었다.

'박', '석', '김'의 세 성씨가 번갈아 가며 다스리던 신라는 4세기에 거서간, 차차웅, 이사금이라는 왕의 칭호가 '마립간'이 되면서 김씨가 계속 대를 이어

왕위를 물려받게 된다. '내물 마립간'이 낙동강 동쪽의 진한 지역을 거의 차지하고, 한자를 사용하기 시작하면서 왕을 중심으로 하는 국가가 시작되었다. 그 뒤 6세기에 율령을 반포하고 불교가 인정되었다. 국가의 제도가 다시 정리된 법흥왕 때 이르러서 비로소 왕을 중심으로 하는 국가 체제가 완성되었다.

6장
우리 반은 삼국 시대

"아빠, 일제 강점기도 거치지 않고 6·25 전쟁도 일어나지 않았더라면 우리나라가 지금보다 훨씬 더 잘 사는 나라가 됐을 것 같아요."

우람이가 속상한 듯 말했습니다. 우리나라가 정말 힘이 센 나라였으면 좋았을 텐데 하는 마음이 들어서였습니다. 우람이의 생각이 얼굴에 드러났는지 아빠가 말했습니다.

"물론 아빠도 그런 상황이 안타깝단다. 음, 어떻게 설명해야 할까? 그래, 지금까지 우람이에게 가장 힘든 때가 언제였어?"

"음, 2학년 2학기 때요. 그때 이 동네 아파트로 이사 오면서 전학을 왔잖아요. 처음에는 아는 친구도 없으니까 학교가 재미없었어요. 자기들끼리만 놀고 괜히 저를 따돌리는 것처럼 느껴졌거든요."

"지금은 어때?"

"당연히 지금은 이 몸이 우리 반에서 인기 짱이죠."

"그래?"

"처음에는 친구들이 괜히 장난치고 놀리기도 했거든요. 그래서 민국이와도 싸웠다가 선생님에게 혼난 적이 있어요."

"그다음에는?"

"민국이랑 서로 사과하고 그다음 주에 짝이 되어서 친해졌어요. 민국이의 친구들하고도 친해졌고요. 이번 장기 자랑 때는 민국이랑 춤을 같이 췄는데 친구들이 재미있다고 난리였어요."

"그럼 그때 그런 일이 있어서 지금은 친구들하고 더 잘 어울리며 친하게 지낸다는 거네. 우람이에게는 아주 소중한 경험이었겠구나."

"그렇기는 하지만 저도 반 아이들하고 다 친한 건 아니에요. 지금 우리 반 남자애들은 삼국 시대거든요."

"뭐? 삼국 시대라고?"

"야구 좋아하는 애들, 축구 좋아하는 애들, 축구나 야구를 하기보다 그냥 뛰어놀고 싶은 애들, 이렇게 세 팀으로 나뉘거든요. 점심시간에 나가서 놀 때는 서로 자리를 차지하려고 난리예요. 그리고 두 팀을 만

들어서 야구나 축구 게임을 하려면 다른 걸 좋아하는 애들도 자기네 팀에 끌어들여야 하고…….”

"하하! 그게 고구려, 신라, 백제가 있던 삼국 시대 상황이랑 비슷하다는 말이구나."

아빠는 우람이의 엉뚱한 말에 기가 막히다는 듯이 웃었습니다. 하지만 축구를 좋아하는 우람이는 어떻게 하면 내일 친구들을 모아 팀을 짜서 축구를 할지만 생각하고 있었습니다.

"음, 나는 민국이랑 공격을 맡고, 성환이랑 진우가 수비를 맡으면 우리 팀이 최강이야. 아차, 동배가 있었지? 동배는 순발력이 좋으니까 골키퍼를 하라고 해야지. 그리고 또 누가 있더라…….”

불교의 전파

불교는 삼국이 고대 국가로 발전하던 시기에 전해졌습니다. 고구려에는 372년 소수림왕 때에 중국 전진의 승려 순도가 불경과 불상을 전하여 불교가 들어왔고, 백제에는 384년 침류왕 때에 중국 동진의 승려 마라난타가 불교를 알렸습니다.

신라는 이보다 늦은 눌지왕 때 고구려의 승려 묵호자가 불교를 알리기 시작했는데, 527년 법흥왕 때에 이차돈의 순교가 있은 뒤에야 비로소 정식으로 인정받았습니다.

삼국이 불교를 받아들이는 데 적극적이었던 것은 불교가 사상적으로 사람들의 마음을 하나로 모아 주는 역할을 할 수 있었기 때문입니다. 당시 불교는 종교로서의 역할 못지않게 국가의 발전을 비는 호국 신앙으로서의 성격도 매우 강했습니다. 신라의 원광 법사가 화랑도에 세속 오계를 주어 정신적인 바탕을 만든 것을 보면 잘 알 수가 있습니다. 삼국 중 가장 약했던 신라는 불교를 중심으로 하여 백성의 마음을 하나로 모으고 뒷날 삼국 통일을 이루었다고 할 수 있습니다.

신라의 왕을 부르는 호칭

신라는 왕을 부르는 호칭이 건국 후 여러 번 바뀌었다. 즉, 시기적으로 왕에 대한 의미도 조금씩 달랐다고 할 수 있다.

'거서간'은 알에서 태어나 신라를 일으킨 박혁거세를 일컫는다. 이것은 옛날 말로 '임금', '귀한 사람'이라는 뜻이 있는데 하늘에 제사를 올리는 '웃어른'이라는 뜻도 있다. 거서간은 '거슬한'이라고도 하였는데, '한'은 '왕'을 나타내는 몽골 어 '칸'과 같은 의미라고 한다. 세계적인 대제국을 세운 몽골의 칭기즈 칸을 생각하면 이해하기 쉽다.

'차차웅'은 신라의 두 번째 왕인 남해왕이 사용한 호칭으로, '무당'이라는 뜻이 있다. 여기서 무당은 하늘에 제사를 드리는 제사장이라는 의미를 담고 있다. 차차웅이 다스린 시절은 제정일치 사회여서, 왕이 백성만 다스리는 게 아니라 하늘에 제사를 지내는 일도 주관했기 때문에 생긴 호칭이다.

'이사금'은 '이의 자국'을 의미하는 신라의 사투리라고 한다. 신라 3대 유리왕 때부터 사용한 호칭으로, 그 유래가 다음과 같다. 남해 차차웅이 죽자 태자인 유리 이사금은 남해왕의 사위인 석탈해에게 왕위를 양보하려 했다. 이때 석탈

경주 월성의 유적지

해가 '훌륭하고 지혜 있는 사람은 이가 많으니 떡을 깨물어 비교해 보자.'라면서, 떡을 물어 유리 이사금과 이의 개수를 헤아려 보았다. 그 결과 유리 이사금의 이가 더 많아 석탈해가 왕위를 양보했다고 전해지며, 이때부터 왕을 '이사금'이라 불렀다고 한다.

'마립간'은 신라 17대 내물왕 때부터 22대 지증왕까지의 여섯 임금이 사용한 칭호이다. '마립'은 '말뚝'의 신라 사투리로, '정상'이라는 의미의 '마리', '마루'와 같다고 한다. '대군장'이라는 뜻도 있다. 따라서 내물왕도 당시에는 내물 마립간으로 불리웠다. 그리고 법흥왕 때부터 비로소 오늘날 우리가 쓰는 '왕'이라는 명칭을 쓰기 시작했다. 즉, 하늘과 사람과 땅을 잇는다는 의미의 '왕(王)'은 불교를 받아들이고 나라 안의 제도를 잘 정비하여 국가로서 기틀이 자리 잡히면서 쓰기 시작한 호칭이다.

7장
오랜 역사를 품은 한강

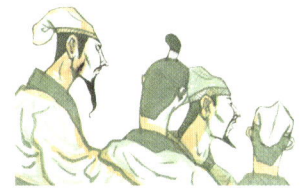

 화창한 토요일 오전, 우람이는 아빠와 엄마와 함께 자전거를 타러 나갔습니다. 자전거를 타고 코스모스가 핀 한강 공원을 한 바퀴 돌고 나니 땀이 났습니다. 아빠랑 잔디밭에서 공차기도 했습니다. 산들산들 불어오는 시원한 바람에 기분이 더욱 좋았습니다.

 "야, 이제 우람이도 공을 제법 멀리 차는걸!"

 "아빠, 시합해요. 제가 이기면 오늘 저녁은 피자랑 치킨 사 주세요. 대신 아빠가 이기면 안마 10분."

 "좋아. 한번 해 보자."

아빠와 우람이가 시합을 하면 언제나 우람이가 이깁니다. 이날도 결국 3 대 1로 우람이가 이겼습니다. 세 식구가 잔디에 앉아 집에서 싸 온 점심을 맛있게 먹다가 우람이가 말했습니다.

"아빠, 한강은 정말 큰 강인 것 같아요."

"그럼! 대도시 한가운데 이렇게 큰 강이 있는 경우는 많지 않아. 정말 축복받은 거야."

"큰 강이 있는 것이 왜 축복이에요?"

"사람이 먹고사는 데 가장 중요한 것이 물이잖아. 만약 한강이 없다면 서울 시민들이 물을 어디서 구하겠니? 한강 물을 정수 처리해서 각 가정에 보내는 거란다."

"듣고 보니 정말 그러네요."

"그뿐인 줄 아니? 한강이 없었으면 서울이 이렇게 발전할 수 없었을 거야. 조선을 세운 태조 이성계가 서울을 도읍으로 정한 것도 다 그만한 이유가 있어서야."

"아빠, 예전에는 서울의 인구가 지금보다 훨씬 적었을 텐데, 그래도 한강처럼 큰 강이 꼭 가까이 있을 필요가 있었을까요?"

"어허, 모르는 말씀! 옛날에 강물은 먹을 물로도 중요했지만 농사를 짓기 위해서도 꼭 필요했어. 또한 강은 중요한 교통로였단다. 운송 수단이 덜 발달한 육지로 다니기보다 강을 따라 배를 타고 다녔던 거야.

다른 지역과 물건을 사고팔 때, 배를 댈 수 있는 항구가 있다는 것도 큰 강점이었어. 바로 저쪽이 옛날 마포 나루인데, 지금의 전라도 지방에서 쌀을 수확하면 배로 이곳까지 운송했지. 그래서 삼국 시대에 고구려, 백제, 신라가 한강을 차지하려고 엄청나게 싸웠단다. 실제로 신라가 삼국 통일을 하는 데도 한강이 매우 중요한 역할을 했지."

"한강은 우리 민족의 역사를 고스란히 담은 역사책 같아요. 그리고 아빠 말을 들으니 강이 왜 중요한지도 알 것 같아요."

"삼국 통일의 과정을 잘 알아보렴. 아빠가 한 말을 바로 이해할 수 있을 거야."

삼국 통일을 이룬 신라

551년 당시 한강 유역은 고구려가 차지하고 있었습니다. 광개토 대왕의 뒤를 이은 장수왕은 강력한 군대로 한강과 그 일대를 다스리고 있었습니다. 이때 신라와 백제가 연합하여 신라 진흥왕이 한강 상류를, 백제 성왕이 한강 하류를 동시에 공격했습니다. 갑작스런 공격에 고구려는 제대로 힘을 써 보지도 못하고 한강 유역에서 물러났습니다.

특히 백제는 고구려에게 빼앗겼던 한강 하류를 되찾았을 뿐 아니라, 바다를 통해 중국과 직접 교류할 수 있었기 때문에 크게 기뻐했습니다.

하지만 신라가 2년 뒤 백제가 차지한 한강 하류를 기습적으로 공격했습니다. 예상치 못했던 신라의 배신에 백제의 성왕은 화가 나서 신라로 쳐들어갔습니다. 그러나 성왕은 그 전투에서 처참한 죽음을 맞았습니다. 결국 이 일로 신라와 백제는 더 이상 친해질 수 없는 원수 사이가 되고 말았습니다.

사실 신라는 한반도 동남쪽에 위치한 경주가 중심이다 보니, 그 당시 선진 문물을 받아들일 수 있었던 중국 대륙과의 교류가 쉽지 않았습니다. 신라가 한강 유역을 차지한 후 크게 기뻐하며 세운 것이 북한산의 진흥왕 순수비입니다. 북한산 진흥왕 순수비는 한강을 훤히 내려다볼 수 있는 비봉에 세워졌습니다.

이후 백제는 신라에 복수를 하려고 틈만 나면 공격을 했습니다. 고구려도 어떻게 하든 한강 부근을 되찾기 위해 신라를 침공했습니다. 사실 고구려보다는 백제가 더욱 집요하게 공격을 해 왔습니다.

상황이 바뀌어 이번에는 한강을 차지한 신라가 곤경에 처하게 되었습니다. 신라는 어떻게 하든 위기를 넘기고 삼국 통일을 이루고 싶었습니다.

그 무렵 등장한 삼국의 주요 인물이 신라의 선덕 여왕과 김춘추와 김유신, 고구려의 연개소문, 백제의 마지막 왕인 의자왕과 계백 장군입니다.

신라는 백제를 공격하기 위해 김춘추를 고구려로 보내 연개소문에게 군사 지원을 요청했습니다. 하지만 연개소문은 지원은커녕 도리어 김춘추를 잡아 감옥에 가두었습니다. 김춘추는 고구려 관리에게 돈을 주고 탈옥하여 겨우 신라로 도망쳐 올 수 있었습니다.

이에 신라는 당나라를 찾아가 연합을 제안했습니다. 그런데 흥미롭게도 이 제안을 당나라가 받아들였습니다. 당나라는 당시 눈엣가시 같은 고구려를 무너뜨릴 수 있다는 생각에 흔쾌히 제안을 받아들인 것입니다.

그리하여 신라와 당나라의 나·당 연합군은 660년에 먼저 백제를 기습 공격했습니다. 백제의 계백 장군이 5천여 명의 결사대를 이끌고 황산벌에서 끝까지 버텼지만 결국 백제가 패하고 말았습니다.

백제를 정복한 다음은 고구려를 공격할 차례였는데, 아무리 나·당 연합군이라도 고구려는 만만치 않은 상대였습니다. 고구려는 한반도 북쪽에 위치해 그동안 북방 여러 나라와의 전쟁 경험이 많았기에 호락호락하지 않았습니다. 하지만 연개소문이 죽고 나서 그 아들들이 서로 다투면서 나라가 분열하는 바람에 결국 668년 나·당 연합군에 의해 멸망하고 말았습니다.

그런데 백제와 고구려를 무너뜨리고 나자, 당나라가 속셈을 드러내어 고구려와 백제는 물론이고 신라 땅마저 몽땅 차지하려고 했습니다.

당나라는 약속대로 대동강 이남의 땅을 신라에게 주기는커녕 백제와 고구려의 옛 땅에 당나라 군대를 주둔시켰습니다. 신라에 계림 도독부를 설치하고 한반도 전체를 가지려는 욕심을 부렸습니다. 그리하여 신라는 당나라 군대를 몰아내기 위해 당나라 군대가 주둔하고 있던 사비성을 공격하여 함락시키고 백제의 옛 땅을 완전히 차지하게 됩니다. 그 뒤에도 매소성과 기벌포 등에서 당나라 군대를 물리치고 한반도에서 몰아냈습니다. 그리하여 676년에 진정한 삼국 통일을 이루게 되었습니다.

  신라의 삼국 통일은 한반도에 여러 나라로 나뉘어져 있던 우리 민족을 하나의 나라로 통합했다는 데에 큰 의미가 있습니다. 삼국 통일로 인구가 크게 늘어나고, 삼국의 문화가 합쳐져 민족 문화 발전의 기틀이 마련되었습니다. 하지만 당나라의 힘을 빌렸다는 점과 고구려의 옛 땅을 당나라에 거의 내주고 대동강 이남으로 영토가 확정되었기에 완전하다고 하기에는 아쉬운 부분이 있습니다.

대조영과 발해

삼국을 통일한 이후, 신라는 대동강 이남의 땅만을 차지했고 대동강 이북의 땅은 당나라가 다스렸다. 신라의 삼국 통일 후에 중국 대륙에서는 거란 족이 당나라와 전쟁을 하여 혼란스러웠다. 요동 지방에 흩어져 있던 고구려 유민들은 끈질기게 당나라의 세력에 저항했다. 마침내 698년, 고구려 장군 출신 대조영을 중심으로 한 고구려 유민과 말갈족이 만주 동부 지역으로 이동하여 발해를 세웠다. 발해는 소수의 고구려 유민과 다수의 말갈족으로 이루어진 국가였지만, 고구려의 계통을 이은 나라였다.

발해는 요동 지방을 제외한 고구려의 옛 영토를 거의 회복했다. 무왕, 문왕을 거쳐 전성기였던 선왕 때에는 해동성국(동쪽의 번성한 나라)이라고 불릴 정도로 세력이 강했다.

하지만 발해는 9세기 후반부터 국력이 약해지면서 거란 족에게 멸망당했다. 발해의 멸망으로 고구려 계통의 지배층은 고려에 흡수되었고, 드넓은 만주 지역은 아쉽게도 우리 민족의 역사에서 사라지게 되었다.

8장. 우리바다 지킴이

"가뜩이나 수온이 낮아 평년보다 꽃게잡이가 시원찮은 상황에서 중국 어선들의 불법 조업으로 꽃게의 씨가 마르고 있다며 어민들이 분통을 터뜨리고 있습니다. 김한국 기자가 소식을 전합니다."

중국 어선이 서해에 몰래 들어와 꽃게를 마구 잡아간다는 텔레비전 뉴스를 보던 우람이가 흥분하여 큰 소리로 말했습니다.

"아빠, 중국 어선이 도둑질을 하는 거잖아요. 우리 바다에 못 들어오게 담을 쌓았으면 좋겠어요."

"아무리 그래도 바다에 어떻게 담을 쌓을 수 있겠니?"

"레이저 같은 걸로 방어벽을 만들면 되지 않을까요?"

"과학이 발달하면 그럴 수도 있겠지만 아직은 쉽지 않은 일이란다. 그런데 네 말을 들으니까 지금으로부터 약 1,200년 전에 해적을 물리친 신라의 장군이 생각나는구나. 해적들이 그 장군만 보면 벌벌 떨었지."

"정말요? 누군데요?"

"너 혹시 장보고라고 들어 보았니?"

"바다의 영웅 장보고라고 책에서 읽긴 했는데, 이순신 장군만큼 대단한 분인가요?"

"그렇지. 시대적으로 800년 정도 차이가 있긴 한데, 장보고도 바다 위에서 나라를 위해 큰 활약을 했단다. 장보고 장군의 정신을 이어받아 지금도 우리나라 해군은 우리 바다뿐만 아니라 멀리 아프리카에서도 우리 선박을 보호하면서 해적을 무찌르고 있어. 특히 우리 해군의 아덴 만 여명 작전은 대단했단다."

2011년 1월에 우리나라 선박인 삼호 주얼리 호가 아덴 만에서 소말리아 해적들에게 납치를 당한 일이 있습니다. 이때 선원들을 구출하고자 청해 부대 특수전 요원들은 2011년 1월 21일 새벽 '여명 작전'을 벌여 해적들을 물리치고 열여덟 명의 선원을 성공적으로 구했다고 합니다.

"아덴 만 여명 작전이라고요? 야, 멋있다!"

우람이가 감탄을 했습니다.

"장보고 장군이나 우리 해군이나 국민을 보호하고 안전한 나라를 만들려고 한 것은 같지?"

아빠의 말에 우람이도 뿌듯한 얼굴로 고개를 끄덕였습니다.

당나라에 코리아타운이 있었다고?

　오늘날 많은 해외 동포들이 각 나라에서 열심히 기반을 닦으며 우리 민족의 힘을 보여 주고 있습니다. 그러다 보니 세계 여러 나라에는 우리 동포들이 모여 사는 코리아타운이 있습니다. 그런데 신라가 삼국을 통일하고 난 뒤, 당나라에도 그러한 코리아타운이 있었습니다.

　신라가 삼국을 통일하고 나서 당시 최고의 강대국인 당나라 군대를 몰아낸 것은 대단하다고 할 수 있습니다. 하지만 그 때문에 당나라와 몇십 년간은 사이가 좋지 않았습니다.

　그러다가 8세기에 들어서면서 신라와 당나라의 관계는 다시 가까워졌습니다. 신라는 당나라와 평화적인 외교 관계를 맺고, 선진 문물을 배워 오도록 학자와 승려들을 보냈습니다.

　특히 8세기 초 당나라는 신라뿐만 아니라 서양의 여러 나라와 국제적인 교류를 했습니다. 신라도 처음에는 당나라와 국가 간의 무역이 활발했는데, 그 뒤 점차 일반 상인들 간의 무역도 늘어났습니다.

　신라인의 당나라 진출은 대단히 활발하여, 그 무렵 당나라에는 지금의 코리

아타운처럼 '신라방', '신라촌'이라는 신라인의 마을이 생기고, 신라인 마을을 다스리기 위한 '신라소'라는 감독 기관이 있었습니다. 신라인을 위한 절까지 따로 있었다고 합니다. 또한 신라의 많은 학생들이 유학을 가서 당나라에서 '숙위 학생'이라는 이름으로 불리며 공부를 하였고, 당나라의 과거 시험을 보기도 했습니다.

장보고 장군과 청해진

8세기 신라와 당나라 간의 무역이 활발해져서 신라는 저포(모시), 마직물(베), 명주, 물표범 가죽, 인삼, 약재, 금은 세공품, 수공예품 등을 당나라에 수출했고, 당나라로부터 비단, 책, 관복, 차, 약재 등을 수입하였다.

그런데 당시 해안 지방에 사는 백성들은 종종 해적들에게 재산을 빼앗기거나, 끌려가 당나라에 노예로 팔리고는 했다. 더구나 신라와 당나라 사이에 무역이 발달하면서 멀리서 온 아라비아 무역상의 출입도 잦아지자, 서해에는 물건을 실은 배를 노리는 해적까지 들끓었다.

어린 시절, 당나라로 가서 온갖 고생을 하며 무예를 배운 장보고는 마침내 당나라 서주 지방에서 무령군을 이끄는 장군이 되었다. 그는 고국인 신라에서 사람들이 끌려와 당나라에 노예로 팔린다는 소식을 듣자, 해적을 물리치고 노예로 잡혀 있던 수많은 신라

해상왕 장보고 장군의 영정

동포들을 구해 고국으로 돌아왔다.

장보고 장군은 828년에 흥덕왕에게 청하여 지금의 전라남도 완도에 청해진을 설치했다. 청해진에는 성을 튼튼히 쌓고, 배가 닿을 수 있는 부두도 만들었다. 청해진이 군사 기지인 동시에 무역의 중심지 역할을 하게 만든 것이다.

장보고 장군은 배를 만들고 군사 훈련을 시켜 강한 군대를 만들었다. 장보고 장군의 전함들은 해적선들을 모조리 물리쳤고 일대의 바다를 주름잡게 되었다. 장보고 장군의 눈부신 활약으로 신라인들이 서해에서 마음 놓고 해상 활동을 할 수 있게 되면서 신라의 무역은 크게 발달하였다.

청해진 유적지에 있는 장보고 장군의 동상

9장
끈질기게 나라를 지킨 우리 민족

　을지문덕 장군, 강감찬 장군 등 우리 조상들은 정말 멋지게 외적의 침략을 막아 냈습니다. 하지만 외적의 침략을 받아 고통스러운 순간들도 많았습니다. 전 국토가 폐허가 되다시피 하기도 했고 수많은 백성들의 목숨이 희생되기도 했습니다.

　"우람아, 이왕 전쟁 얘기가 나왔으니 물어볼게. 너 칭기즈 칸 알지?"

　"알아요. 몽골 제국을 세운 황제잖아요."

　"빙고! 그러면 칭기즈 칸이 세운 몽골에 끝까지 저항한 나라는?"

　"음……. 잘 모르겠는데요."

"바로 고려야. 〈팔만대장경〉이 그 증거라 할 수 있지."

"고려는 왕건이 세운 나라잖아요. 그리고 〈팔만대장경〉은 해인사에 있는 국보죠?"

"그렇지. 몽골 족이 세운 원나라가 침입해 왔을 때 고려 왕실은 강화도로 피했지만 고려 백성들은 온갖 어려움을 겪으면서도 항복하지 않고 끝까지 맞서 싸웠단다."

"우리나라 백성들은 정말 대단한 거 같아요. 임진왜란 때도 선조 임금이 도망갔지만 백성들이 의병을 일으켜 왜군에 대항했잖아요."

"그렇지. 그런 민족정신을 우리도 잘 이어받아야 해. 그러고 보니 우리 우람이 역사 지식이 대단한걸!"

거란과 몽골의 침입을 막아 낸 고려

고려가 후삼국을 통일했을 때 중국 대륙에는 송나라가 등장했습니다. 그리고 만주에서는 거란 족이 요나라를 세웠습니다. 송나라와 요나라는 팽팽한 힘겨루기를 하고 있었기에 고려가 어느 나라 편을 드느냐에 따라 상황이 크게 바뀔 수 있었습니다. 당시 고려는 요나라를 오랑캐 나라라고 무시했고, 송나라와 좋은 관계를 유지했습니다.

요나라는 송나라와 싸우기 전에 고려부터 무너뜨려야겠다고 생각했습니다. 그리하여 요나라 소손녕 장군이 80만 대군을 이끌고 고려를 침공했습니다. 다급해진 고려의 대신들 사이에서는 서경(평양) 이북의 땅을 떼어 주고 화해를 하자는 주장이 많았습니다.

이때 고려의 서희가 소손녕 장군과 담판을 지었습니다. 소손녕 장군은 담판 자리에서 자신들이 고구려를 이은 나라이니 옛 고구려의 영토를 요나라에게 돌려줄 것을 요구하고, 고려가 송나라와 친한 이유를 따졌습니다. 이에 서희는 고려야말로 고구려를 계승한 나라임을 밝히고, 요나라와 가깝게 지내고 싶어도 압록강 지역을 여진이 막고 있어 어렵다고 말했습니다. 그러고는 만

약 여진을 몰아내어 고구려의 옛 땅을 되찾도록 해 준다면 요나라와 교류하겠다고 말했습니다. 소손녕 장군은 그 말에 설득당하여 압록강 서북 강동 6주를 고려에게 넘겨주기로 하고 돌아갔습니다. 서희의 담판으로 전쟁을 막은 고려는 이후에도 요나라가 아닌 송나라와 계속 교류했습니다.

고려가 계속 송나라와 교류하자, 요나라의 소배압 장군이 10만 대군을 이끌고 다시 고려를 쳐들어왔습니다. 이때는 고려의 명장 강감찬이 큰 활약을 펼쳤습니다. 강감찬 장군은 성 동쪽의 큰 강물을 거대한 쇠가죽으로 막고 있다가, 요나라 군이 얕아진 강을 건널 때 갑자기 물길을 터서 적군을 무찔렀습니다. 이것이 그 유명한 귀주 대첩입니다. 이때 요나라의 10만 대군 중 살아 돌아간 자가 겨우 수천 명이었고, 적장 소배압 장군도 갑옷과 무기를 버리고 간신히 몸만 도망갔다고 합니다.

13세기 초 고려는 최씨가 집권하는 무신 정권 시기였는데, 이 당시 중국 대륙은 오랫동안 유목 생활을 하던 몽골 족이 원나라를 세운 뒤, 여진족이 세운 금나라를 공격해 북중국을 차지했습니다. 이때 금나라에 속해 있던 거란 족의 일부가 원나라에 쫓겨 고려로 내려와 서북 지방에서 약탈을 일삼았다고 합니다. 이에 고려는 원나라와 힘을 합쳐 거란을 함락시켰습니다. 그런데 이때 원나라에서 자신들이 거란 족을 몰아내 주었으니 그 대가로 많은 물건을 바치라고 요구해 왔습니다.

설상가상으로 고려에 왔던 원나라 사신 저고여가 돌아가던 길에 국경 부근

에서 살해당하는 일이 발생했습니다. 이를 구실로 원나라가 1차 침입을 했습니다. 의주를 차지한 원나라 군대는 길을 돌려 개경을 포위했습니다. 고려는 할 수 없이 항복을 하고 원나라의 무리한 요구를 받아들일 수밖에 없었습니다.

그러나 원나라의 요구와 간섭은 시간이 갈수록 심해졌습니다. 이에 고려는 1232년에 강화도로 도읍을 옮기고, 원나라에 장기적으로 맞설 준비를 했습니다. 부처님의 힘으로 외적을 막아 내겠다는 의지로 〈팔만대장경〉을 만들기도 했습니다. 고려는 여러 차례에 걸쳐 계속된 원나라의 침략을 끈질기게 막아 내며 버텼습니다.

오랜 전쟁으로 국토가 망가지고 백성들의 어려움이 더욱 심해지자, 고려는 원나라와 강화를 맺으며 전쟁을 끝냈습니다. 그러나 원나라에 맞서 싸웠던 삼별초는 배중손의 지휘 아래 근거지를 제주도에서 진도로 옮겨 끝까지 싸우기도 했습니다.

고려가 이토록 원나라의 침입에 끈질기게 맞설 수 있었던 힘은 무엇보다도 끝까지 원나라에 맞선 백성들 때문이었습니다. 나라가 어려울 때 끝까지 포기하지 않고 힘을 합해 싸운 우리 조상의 정신이 바로 고려를 지킬 수 있는 힘이었던 것입니다.

고려의 뛰어난 문화와 기술

세계가 인정하는 인쇄 기술

인쇄술이 발달했다는 것은 여러 가지 책을 펴낼 수 있다는 뜻이다. 그만큼 지식을 널리 알릴 수 있기에 문화 발전의 중요한 수단으로 여겨 왔다.

경주의 불국사 석가탑에서 발견된 〈무구 정광 대다라니경〉은 통일 신라 때 만든 것으로, 목판 인쇄물로는 세계에서 가장 오래된 것이다. 고려 시대에 만든 〈팔만대장경〉 목판도 우리 민족의 놀라운 인쇄술을 보여 주는 증거다.

서양에서 최초로 금속 활자를 만든 것은 15세기 중반 독일인 구텐베르크에 의해서였다. 그런데 고려는 그보다 78년 빠른 14세기에 이미 금속 활자로 책을 찍어 낼 수 있었다. 그 증거가 프랑스 국립 도서관에 보관되어 있는 〈직지심체요절〉인데, 이는 충청북도 청주에 있는 흥덕사란 절에서 1377년에 금속 활자로 찍어 낸 책이다.

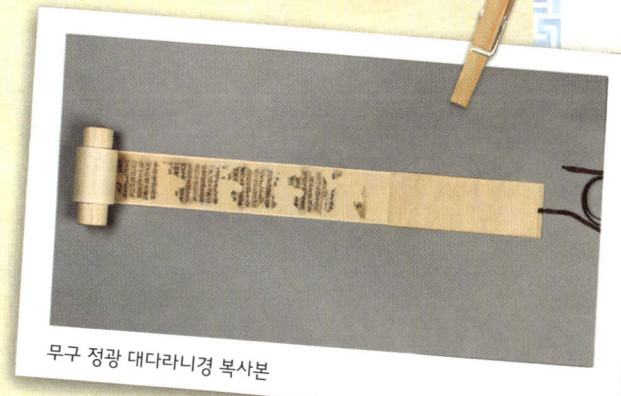

무구 정광 대다라니경 복사본

푸른빛의 아름다움, 고려청자

고려청자는 고려 시대에 만들어진 푸른 빛의 자기를 통틀어 이르는 말인데, 특히 상감 청자가 유명하다. 청자는 고려 시대에 중국 송나라의 영향을 받아 만들기 시작했다. 그런데 원나라의 침입으로 전쟁을 하느라 송나라와 교류가 어려워지자, 고려인들이 청자를 독자적으로 만들게 되었다고 한다.

청자 상감 동화 포도 동자 무늬 조롱박 모양 주전자와 받침

청자는 먼저 흙으로 빚어 가마에서 800도 정도로 한 번 구워 낸다. 그리고 철 성분이 든 유약을 발라 1,300도에서 한 번 더 굽는다. 두 번째 구울 때 가마의 온도가 높아지면 아궁이를 흙으로 막는데, 이때 비로소 청자의 푸른빛이 나타난다.

당시 고려청자의 아름다움은 이웃 나라에서도 대단하게 여겼다고 한다. 송나라 사신들도 '고려의 청자 빛깔은 천하제일'이라고 했을 정도이다. 고려 도공들은 끊임없는 연구와 노력, 흙과 불을 다루는 뛰어난 솜씨로 세계 어디에서도 볼 수 없는 아름다운 청자를 빚었다. 청자의 빛깔은 유약의 철 성분과 가마의 온도에 따라 달라진다.

10장
스마트폰이 역사를 바꾸다

오늘은 할아버지와 할머니가 우람이네 집에 왔습니다. 우람이가 할아버지에게 그동안 배운 역사 이야기를 신 나게 했습니다.

그때 할머니가 아빠더러 미국에서 파견 근무를 하고 있는 작은아빠에게 전화를 해 보라고 말했습니다. 할머니가 작은아빠의 얼굴을 보며 통화하고 싶은데, 스마트폰을 어떻게 써야 하는지 잘 모르나 봅니다.

"네가 가르쳐 주고 가긴 했지만 나는 도무지 잘 안 되더라."

"알았어요. 미국은 지금 아침 시간이니까 아직 회사 출근하기 전이겠네요."

아빠가 화상 통화로 작은아빠에게 전화를 걸었습니다. 할머니와 할아버지는 번갈아 가며 작은아빠에게 안부를 물었습니다. 우람이도 작은아빠에게 인사를 했습니다. 작은아빠는 할머니가 담근 김치가 정말 먹고 싶다고 했습니다. 또 내년에는 미국 근무가 끝나 한국으로 돌아올 수 있을 거 같다고도 했습니다.

통화가 끝나고 할머니가 뿌듯한 표정으로 한마디 했습니다.

"정말 좋은 세상이다. 수만 리 떨어진 미국에 있는 아들과 얼굴을 보고 통화를 하니 말이다."

"할머니, 엄마는 스마트폰으로 쇼핑도 하고 외출했을 때는 밥도 해요."

"정말 밥도 휴대 전화로 할 수 있냐?"

할머니의 눈이 휘둥그레졌습니다.

"네, 전기밥솥에 쌀을 씻어 넣어 놓고 나가면, 밖에서 전기밥솥을 작동시킬 수가 있거든요."

아빠의 말에 우람이도 한마디 거들었습니다.

"할머니! 지금은 정보 기술(IT) 혁명 시대래요. 컴퓨터, 인터넷, 스마트폰이 있으면 뭐든 다 되거든요."

"우리 우람이 똑똑한걸! 그런데 그걸 왜 혁명이라고 하는지 아니?"

잘난 척하던 우람이가 아빠의 질문에 갑자기 꿀 먹은 벙어리가 되었습니다.

"혁명에는 여러 가지 뜻이 있지만 여기서는 사회가 새롭게 바뀔 정도로 엄청난 변화가 일어났음을 말한단다. 스마트폰이 우리 생활을 하루가 다르게 변화시키는 것처럼 말이야."

"그런데 아빠, 조선 시대에 살았던 아이들은 재미없었을 거 같아요. 온라인 게임 같은 멋진 발명품도 없잖아요."

우람이가 얼토당토않게 게임 이야기를 꺼내자, 가족들이 모두 우람이를 째려보았습니다.

"우람아, 옛날에 비록 게임은 없었지만 지금의 정보 기술 혁명만큼 사람들의 생활을 변화시킨 중요한 발명품들이 있었어."

아빠는 우람이에게 중국의 3대 발명품이 무엇인지 아느냐고 물었습니다. 우람이는 지난 방학 때 세계사 만화책에서 읽은 내용이 떠올라 대답했습니다.

"나침판, 종이, 화약이요."

"잘 알고 있구나. 이 세 가지 발명품이 왜 중요한지도 알고 있니? 먼저 나침반은 중국 송나라 때 발명품으로, 방향을 찾을 수 있는 도구란다. 나중에 세계의 무역에 큰 영향을 끼쳤어. 지중해에서 대서양으로, 인도양으로, 태평양으로 새로운 바닷길을 개척하는 데 큰 도움이 됐지. 아메리카 대륙을 발견하는 바탕이 되기도 했어. 종이의 발명도 대단해. 종이가 없을 때에는 대나무나 비단에 글을 적었단다. 대나무에는 글을 많이 쓰기가 어려웠고 비단은 귀하고 비싸서 곤란했어. 그런데 종이의 발명으로 책을 많이 만들면서 학문이 발전하고 글이 널리 알려지게 되었지. 화약 또한 큰 변화를 가져온 발명품이야. 화약이 생김으로써 총이 발명되었단다. 총과 포탄의 발명으로 전쟁의 방법이 바뀌게 되었어. 총을 먼저 개발해 전쟁을 일으킨 나라들이 영토를 넓히면서 세계 지도에 큰 변화가 일어났던 거지."

"정말 대단하네요. 그런데 아빠, 제 생각에는 온라인 게임도 놀라운 혁명 수준인 거 같아요. 저는 게임 없이 사는 세상을 상상할 수가 없거든요."

진지하게 이야기하는 우람이의 말에 울 수도 웃을 수도 없어 가족들은 모두 한동안 아무 말도 할 수가 없었습니다.

역사를 바꾼 혁명

인류의 첫 번째 혁명은 농업 혁명, 즉 신석기 혁명입니다. 이동 생활이 정착 생활로 바뀌게 된 까닭입니다. 농사를 짓기 시작하면서 사람들은 이리저리 옮겨 다니지 않게 되었습니다. 추위와 더위, 무서운 야생 동물과 싸우며 힘들게

먹을 것을 찾으려고 헤매고 다니지 않아도 되었습니다. 이전에는 황무지였던 땅이 농사를 지을 수 있는 땅이 되었습니다. 농사를 지으면서 돌낫으로 땅을 파고, 돌 갈판에 곡식을 갈아 음식을 만들어 먹고, 토기를 사용했습니다.

 농사를 짓다 보니 다 먹고 나서도 남는 것이 생기면서 개인의 소유가 생겼고, 시간이 흐르면서 소유물이 많아 잘사는 사람과 소유물이 없어서 못사는 사람으로 나뉘기 시작했습니다. 그러자 사람들은 점점 더 많이 가지기 위해 노력했고, 재산이 생기기 시작했습니다.

 한곳에 머물러 농사를 짓게 되자, 사람들은 땅을 파고 그 위에 지붕을 씌운 움집에서 살게 되었습니다. 그러면서 씨족 단위의 공동체 생활을 하기 시작했

습니다. 그리고 이 공동체가 좀 더 발전해 마침내 국가를 이루게 되었습니다. 우리 조상들도 신석기 시대에 한반도에 자리 잡아 청동기 시대를 거치면서 고조선이라는 최초의 국가를 세웠습니다.

두 번째 혁명은 18세기에 일어난 산업 혁명입니다. 산업 혁명의 일등 공신은 증기 기관입니다. 사람의 힘 대신 석탄을 태워 증기 기관을 움직이고, 거기에서 발생하는 동력으로 기계를 움직여 물건을 만들어 내는 것입니다. 증기 기관의 발명은 사람들의 생활을 바꿔 놓기 시작했습니다. 이전에는 물건을 대부분 집 안에서 가족끼리 손으로 만들었습니다. 시간도 많이 걸리고, 조금밖에 만들 수 없었는데, 산업 혁명으로 공장이 생기면서 물건을 대량으로 만들자 많은 것이 달라지게 되었습니다.

게다가 많은 사람들이 공장에 취직하기 위해 농촌에서 도시로 이동하면서 대규모 공업 도시가 생겼습니다. 나라마다 시기는 다르지만, 산업화를 거친 나라의 정책들이 농촌 위주에서 도시 위주가 되면서 사람들의 생활에 큰 변화를 가져왔습니다.

세상을 바꾼 산업 혁명

산업 혁명은 18세기 영국에서 시작되어 세계 여러 지역으로 퍼졌다. 산업 혁명의 특징은 집에서 가족 중심 수공업 형태로 적은 양의 물건을 만들던 것이 석탄을 이용한 기계를 통해 한꺼번에 많이 만들 수 있게 된 것이다.

산업 혁명은 사회 관계에도 큰 변화를 가져왔다. 대량으로 물건을 만들고 팔면서 많은 돈을 번 사람들과, 그들에게 고용되어 돈을 받고 일하는 임금 노동자라는 새로운 계급이 생겨났다. 특히 농업 중심의 사회에서 많은 땅을 가지고 있던 귀족 계급에 맞서는 새로운 부자들이 나타났다.

또한 산업 혁명은 17세기까지 전체 인구의 4분의 3을 차지하고 있던 농민들이 도시로 옮겨 와 도시 인구가 더 많아지는 도시화 과정을 이끌었다. 도시화는 농경 사회를 무너뜨렸고, 도시는 몰려든 사람들로 인해 주택 문제, 빈민 문제 등이 발생했다.

산업 혁명 당시 공장의 모습

11장
최초의 로켓 신기전

저녁 식사를 마치고 우람이와 아빠는 물 로켓을 만들었습니다. 학교 숙제인데, 페트병 자르는 것을 아빠가 도와주었습니다. 낙하산을 페트병에 연결하고 날개를 붙이고 장식을 붙이니 제법 멋있었습니다. 아빠는 우람이의 물 로켓이 멀리 나갈 수 있도록 다시 한 번 구석구석 매만져 주었습니다.

"야, 멋있다! 달나라까지도 날아가겠다."

아빠가 칭찬을 해 주었습니다. 우람이도 기분이 좋은지 입이 귀에 걸렸습니다.

"아빠, 물 로켓에 이름을 붙여야 될 거 같아요, 나로호처럼."

"그래. 그럼 뭐가 좋을까?"

우람이가 좋은 생각이 났는지 손뼉을 치며 말했습니다.

"아빠, 제우스가 어때요? 그리스 신화에 나오는 열두 신 중에 최고로 높은 신이잖아요."

"제우스라……. 그것도 멋지긴 한데, 아무래도 우람이는 대한민국 사람이니까 우리나라 안에서 찾아보면 어떨까?"

"음, 그렇긴 하네요."

"우람아, 생각났다! 신기전 어때?"

"신기전이요? 들어 본 거 같기는 한데……."

"신기전은 조선 시대에 사용된 로켓 추진 화살이야."

"그냥 좀 빠른 화살 아니에요?"

"아니, 대포처럼 화약을 이용하여 멀리까지 날아가게 할 수 있었고, 여러 발을 동시에 쏠 수도 있었으니 그냥 화살이라고만 할 수는 없지."

"우아, 그럼 조선 시대에도 로켓이 있었다는 거네요. 아빠, 그럼 저도 이 물 로켓에 신기전이라고 이름 붙일래요. 그렇게 이름 붙이면 틀림없이 제 물 로켓이 다른 애들 거보다 멀리 날아갈 거예요."

신기전의 발명

　세종 대왕 때 만든 신기전은 고려 말기에 최무선이 만든 화약 무기를 발전시킨 로켓형 화살인데, 무려 1,000미터나 날아갔다고 합니다.

　세종 대왕 때 조선은 과학기술의 수준이 아주 높았습니다. 신기전의 발명도 그 예라고 할 수 있습니다. 신기전의 발사대인 '신기전기'의 설계도가 남아 있어 그 기술이 얼마나 놀라웠는지 알 수 있습니다. 보통의 화살은 활에 걸어 한 발씩 쏘지만, 신기전은 둥근 나무통 100개를 나무 상자 속에 7층으로 쌓은 뒤, 나무 구멍에 화약통을 단 화살을 꽂았습니다. 그런 다음 점화선을 모아서 불을 붙이면 동시에 15발씩 차례로 발사되었습니다.

　세종 대왕 때는 북방의 여진족이 자주 쳐들어왔는데, 김종서 장군이 여진족의 침략을 번번이 막아 냈습니다. 하지만 여진족이 겁

화차와 신기전의 모습

을 먹고 다시는 넘어오지 못하게 만들 무기가 필요했습니다. 활과 더불어 '달리는 불'이라 불리는 주화가 있었지만 날아가는 거리가 너무 짧아서 압록강과 두만강을 넘어가지 못했습니다. 그래서 세종 대왕이 주화를 개량하여 멀리 날아가는 로켓 화살인 신기전을 만들도록 지시한 것입니다.

세종 대왕의 뒤를 이은 문종 때에는 마침내 한 번에 여러 발을 쏠 수 있는 대량 발사 장치인 신기전기와 화차(火車)가 발명되었습니다. 신기전기의 이동이 자유로워지면서 이동식 로켓 무기가 된 것입니다.

이후 신기전은 임진왜란의 주요 전투에 첨단 무기로 활용되어 거북선과 함께 전투를 승리로 이끌었습니다. 바다에 거북선이 있다면 육지에는 신기전과 화차가 있었습니다. 불꽃과 연기를 내뿜으면서 하늘에서 쏟아져 내리는 신기전은 최초의 로켓이자 조선이 숨겨 놓은 비밀 병기였습니다.

일본을 통일한 도요토미 히데요시는 조선을 침략하고자 핑계를 댔습니다. 일본이 장차 명나라를 치고자 하니 길을 비켜 달라고 한 것입니다. 조선이 이를 거절하자 군대를 이끌고 쳐들어온 것이 임진왜란입니다.

당시 조선은 200년 이상 전쟁 없이 평화가 지속되다 보니 군사력이 약해져 있었습니다. 임진왜란이 시작된 지 한 달도 되지 않아, 왜군은 서울을 지나 함경도까지 침략했습니다. 선조는 한양을 떠나 의주로 피난을 가야만 했고, 왜군은 전라도를 뺀 거의 전 지역을 침범했습니다.

왜군들은 마을을 불태우고 아무 죄 없는 백성들과 아이들을 죽이는 등 몹쓸 짓을 했습니다. 문화재를 빼앗고, 뛰어난 기술로 도자기를 만드는 도공을 일본으로 강제로 끌고 가기도 했습니다.

그 어려운 상황에서 이순신 장군이 한산도 대첩에서 왜군을 물리치면서 반격할 수 있는 기회가 찾아왔습니다. 여기에 전국에서 의병이 일어나 왜군들과 맞서면서 조선군의 사기가 크게 올랐습니다.

이때 왜군을 물리치는 데 신기전도 중요한 역할을 했습니다. 한 번에 많은 양의 화살을 발사하여 적을 공격할 수 있는 신기전은 날아가면서 불과 연기를 뿜어냄으로써 적을 위협했습니다. 이로써 승승장구하던 왜군은 후퇴하기 시작했고, 기나긴 전쟁도 막을 내렸습니다.

세종 대왕의 업적들

연분 9등법과 전분 6등법

조선 시대에도 나라에서 백성들에게 세금을 걷었다. 당시 대부분의 백성들이 농사를 지었는데, 세종 대왕 때 세금을 공평하게 걷기 위해 만든 제도가 연분 9등법과 전분 6등법이다. 당시의 농민들은 직접 농사지은 곡물로 세금을 냈다. 연분 9등법은 농사의 풍년·흉년 정도에 따라 9등급으로 나누어서 세금을 걷던 방법이다. 예를 들어 풍년이면 높은 등급을 매겨 곡물을 더 많이 걷고, 흉년으로 백성들이 어려울 때면 낮은 등급을 매겨 곡물을 덜 걷는 것이다.

전분 6등법은 농사지을 땅이 얼마나 비옥하고 척박한지에 따라 6등급으로 나누어 세금을 걷는 방법이다. 땅이 기름지면 좁은 땅에서도 수확이 많지만 땅이 척박하면 똑같은 면적의 땅이라도 수확이 적을 수밖에 없다. 따라서 전국의 논밭을 토지의 등급에 따라 기준을 달리해서 세금을 걷었다.

세종 대왕의 어진

4군과 6진 설치

북방의 여진족이 침입하는 것을 막기 위해 최윤덕 장군을 보내 압록강 상류 지역에 4군을 설치하게 했다. 또 두만강 유역으로 김종서 장군을 보내 6진을 개척하게 했다. 이로써 오늘날 압록강 부근의 국경선을 확정하였다.

집현전

세종 대왕은 학문을 연구하기 위한 기관으로 집현전을 설치하여 왕립 학술 기관으로 육성하였다. 뛰어난 젊은 학자를 가려 뽑아 학문 연구를 시키고, 더불어 국정을 협의함으로써 왕이 나라를 다스리는 것을 돕게 했다.

《농사직설》 편찬

《농사직설》은 오늘날까지 전해지는 농사에 관련된 책들 가운데 가장 오래된 책이다. 각 도의 관찰사가 경험 많은 농부들에게 농사에 관한 지식을 조사하여 엮은 책이다. 우리나라의 환경에 맞는 농사법을 다룬 책이며, 전국에 나누어 주고 농사를 지을 때 참고하도록 했다.

《향약집성방》 편찬

태조 때 간행된 《향약제생집성방》이라는 의학 책을 보충하여 만든 책이다. 우리 땅의 풍토에 맞는 약재를 소개한 이 책 덕분에 나라 안에서 약재를 스스로 공급할 수 있게 되었고, 백성들 사이에서 전해지던 고유의 치료법이 대대로 전해질 수 있었다.

《칠정산내편》 편찬

원나라의 《수시력》을 풀어서 쓴 책으로 해와 달, 별의 움직임에 대한 자료가 들어 있다. 농업이 중심인 시대라 자연 현상의 변화에 대해 민감할 수밖에 없었기 때문에 《칠정산내편》과 같은 책을 펴내는 것은 매우 필요한 작업이었다.

자격루, 앙부일구, 측우기 발명

세종 대왕은 노비 신분이었던 장영실을 발탁하여 여러 가지 새로운 발명품을 만들어 내도록 하였다. 대표적인 발명품으로는 물시계인 '자격루', 해시계인 '앙부일구' 등이 있다. 또한 강우량을 측정하는 '측우기'를 만들어 서울과 각 도의 군현에 설치하였다. 비의 양을 재는 기구로는 세종 대왕 때의 측우기가 과학 역사상 세계에서 가장 먼저 쓰였다고 한다.

장영실이 발명한 측우기

12장
더불어 잘 사는 세상

"우람이는 커서 어른이 되면 어떤 세상에서 살고 싶니?"

아빠가 진지하게 물어보자, 우람이도 한참 고민하다 대답했습니다.

"음, 내가 하고 싶은 일을 마음껏 할 수 있는 세상이요. 취직 같은 거 걱정하지도 않고요."

"그래. 아빠는 우람이가 정말 즐겁게 할 수 있는 일을 하면 좋겠어. 다른 것은 없니?"

"음, 돈을 많이 버는 세상?"

"물론 돈을 많이 벌면 좋지. 그런데 아빠는 정조 대왕이 꿈꿨던 세상

이 되면 좋겠어. 너도 알지? 뒤주에 갇혀 죽은 사도 세자의 아들 정조 대왕 말이야."

"아하! 책에서 봤어요. 실학자인 정약용이 정조 대왕의 명을 받아 수원 화성을 쌓기도 했잖아요."

"그래. 바로 그분이 만들고자 했던 세상이 되면 좋겠어."

"정조 대왕은 어떤 세상을 만들고 싶어 했는데요?"

"정조 대왕은 신분 차별이 없고, 백성이 모두 잘 사는 세상을 만들려고 애쓰셨지. 우리가 지금 사는 세상이 그런 세상이 되면 좋겠구나."

말을 마친 아빠는 무언가 깊은 생각에 잠겼습니다.

어려운 백성을 살핀 정조 대왕

정조 대왕은 1752년에 사도 세자와 혜경궁 홍씨의 둘째 아들로 태어났습니다. 사도 세자가 뒤주에 갇혀 죽을 만큼 붕당 정치가 심한 시기였습니다. 붕당은 관리들이 정치적으로 뜻이 맞는 사람들과 당을 만든 것을 말합니다. 좋은 의미에서는 어떤 일을 결정하고 판단하는 데 이것저것 따져 좋은 선택을 할 수 있다는 장점이 있습니다. 하지만 당시에는 서로 권력을 잡기 위해 붕당을 만들고 온갖 부정을 저지르다 보니 그 피해가 컸습니다.

왕위에 오른 정조 대왕은 붕당 정치의 잘못을 바로잡고 백성이 살기 좋은 세상을 꿈꾸었습니다. 정조 대왕이 꿈꾼 세상은 우선 신분 차별이 없는 세상입니다. 당시 조선은 양반 관리들이 중심이 되어 나라를 다스렸습니다. 신분이 낮으면 아무리 능력이 있어도 제대로 대우를 받기 힘들었습니다. 정조 대왕은 왕실 도서관이자 학술과 정책을 연구하는 기관인 규장각을 만들고 신분과 관계없이 실력 있고 재능 있는 인재를 과감하게 뽑았습니다.

특히 본부인이 아닌 첩에게서 출생한 서자라도 실력과 재능이 있다면 기꺼이 불러들였습니다. 당시 서자 출신들은 과거도 볼 수 없었습니다. 유명한 실학자인 박제가, 이덕무, 유득공 등이 서자 출신이지만, 정조 대왕의 부름을 받아 규장각의 연구관에 채용되었습니다.

정조 대왕이 뽑은 인재 중에는 조선의 최고 천재라 꼽히는 정약용도 있습니다. 정약용은 거중기를 만들어 수원 화성을 쌓고, 여러 권의 책을 쓰며 능력을 인정받았습니다.

또한 정조 대왕이 꿈꾼 세상은 누구나 장사할 수 있는 세상이었습니다. 조

선 시대 최대의 시장은 지금의 서울 종로 부근입니다. 그런데 부유한 상인들이 육의전이라고 해서 종로에서 장사할 수 있는 권리를 독점하고 있었습니다. 돈이 부족한 상인들은 상점을 내고 싶어도 자리를 구할 수 없었습니다. 정조 대왕은 이런 독점을 없애기 위해 어려운 상인에게 돈도 빌려 주고 세금도 절반으로 줄여 주었습니다.

마지막으로 정조 대왕이 꿈꾼 세상은 빈민 없는 세상입니다. 당시 조선은 농

업이 가장 중심 산업이었습니다. 그런데 권력과 돈을 가진 양반들과 부자들끼리 땅값을 올려 사고팔면서 일반 농민들은 토지를 가질 수 없게 만들었습니다.

정조 대왕은 이 문제를 해결하고자 정전법을 선포했습니다. 정전법은 땅을 우물 정(井) 자 모양으로 9등분한 뒤 여덟 집이 나누어 농사를 짓는 것인데, 각각 맡은 땅에서 거둔 것은 각자 가지고, 한가운데 땅은 함께 농사를 지어 그 수확물을 세금으로 내는 제도입니다. 그러면 나라에 세금을 내면서도 백성들이 배불리 먹을 수 있다는 것이었습니다. 그러나 이 제도는 권력층의 반대로

제대로 실현되지 못했습니다.

　조선은 학문적으로 공자의 사상인 유학을 나라의 바탕으로 삼았습니다. 어떻게 사는 것이 가장 바람직하게 사는 것인지, 국가와 사회가 잘 발전하려면 어떻게 해야 하는지를 연구했습니다.

　그러나 너무 학문에만 몰두하다 보니 실생활과 동떨어진 경우가 많았습니다. 조선보다 뒤떨어진 나라라고 여겼던 왜(일본)와 청나라(만주족)가 신무기를 들고 침입해 왔을 때는 제대로 방어조차 할 수 없을 정도였습니다.

국토는 오랜 전쟁으로 황폐화되었고, 높은 관리들은 붕당을 지어 서로 헐뜯으며 싸웠습니다. 부정부패를 일삼는 관리들은 백성들에게 지나친 세금을 거두었습니다. 정치, 사회, 경제적으로 온 나라가 혼란스러웠습니다. 성리학을 따르는 관료들은 이론만 따지면서 백성들의 어려운 처지는 외면했습니다.

그러자 잘 사는 나라를 만들기 위한 직접적인 방안을 연구하고 제시하는 학자들이 나타났습니다. 바로 실학자들이었습니다. 실학은 실생활에 유익하게 활용할 수 있는 학문을 하자는 새로운 학풍이었습니다.

실학자들은 앞선 문물을 받아들인 청나라에 가서 선진 문명과 과학기술을 보고 배우는 등 다양한 노력을 했습니다. 어떻게 하면 백성 모두가 잘 살 수 있을지 연구했습니다.

당시 실학자들은 정치적으로 권력을 가지고 있지 못했기 때문에 실제로 큰 개혁을 일으키지는 못했습니다. 하지만 이러한 개혁 정신은 19세기 중반 이후의 개화기 사상가들에게 많은 영향을 끼쳤습니다.

조선 시대의 실학자들

유형원
조선 후기 실학 발전의 기초를 쌓은 학자이다. 토지 제도, 조세 제도, 교육 제도, 과거 제도, 군사 제도 등 여러 방면에 걸친 개혁 방안들을 내놓았다. 특히 농민들에게 땅을 고루 나누어 주자는 균전제를 주장했다.

이익
국가 발전을 가로막는 여섯 가지 원인을 노비 제도, 과거 제도, 양반 제도, 미신, 승려, 게으름이라고 주장하며, 농업을 발전시키고 농민을 보호할 것을 강조했다. 《성호사설》을 썼고 후대 실학자들에게 큰 영향을 끼쳤다.

실학자 이익의 초상화

정약용
관리들은 백성을 위해 바른 정치를 해야 한다고 주장하며, 실학 연구를 총정리

했다. 직접 쓴 《목민심서》와 《흠흠신서》에서는 지방 수령이나 향리들의 부정부패를 비판하고 올바른 행동 지침을 소개했다. 또 수레와 거중기를 직접 만들어 수원 화성을 쌓는 기간과 비용을 크게 줄이기도 했다.

박제가
상공업을 발달시키고, 중국의 새로운 기술과 문물을 받아들여야 나라가 발전한다고 주장했다. 청나라의 풍속과 제도를 기술한 《북학의》 등의 책을 남겼다.

김정호
지방 관리들은 백성을 위해 일을 해야 하고 직접 농사를 짓는 사람만 토지를 가지게 해야 한다고 주장했다. 기록된 자료를 모아 만들었던 기존의 지도들과 달리 오랜 연구를 하고 한반도 구석구석을 직접 돌아다니며 〈대동여지도〉를 만들었다. 〈대동여지도〉는 목판으로 제작한 우리나라 전국 지도로, 실제 생활에 이용할 수 있도록 산과 강, 도로 등을 자세하게 나타냈다.

김정호가 만든 〈대동여지도〉

13장
오, 필승 코리아

　우람이네 가족이 월드컵 예선 축구 경기를 보러 갔습니다. 오늘은 우람이가 붉은 악마 응원단이 되는 날입니다. 양국의 선수가 입장하고 양국의 국가가 경기장에 울려 퍼졌습니다. 애국가가 울려 퍼지자 우람이도 국기를 바라보며 경건하게 손을 가슴에 대고 애국가를 따라 불렀습니다.
　'삑!' 심판의 호각 소리가 울리자 경기가 시작됐습니다. 붉은 악마 옷을 입은 우람이는 응원 문구가 쓰여 있는 수건을 펼쳐 들고 신 나게 응원을 했습니다.

"대~한민국, 짜짜짜짝짝! 대~한민국 짜짜짜짝짝!"

꽹과리와 북을 치는 소리가 호루라기 소리와 구호에 맞춰 경기장에 울려 퍼졌습니다. 대표 선수들의 움직임에 따라 응원의 열기가 더욱 뜨거워졌습니다.

첫 골이 터지자 우람이는 아빠, 엄마를 껴안고 '대한민국'을 목이 터져라 외쳤습니다. 그때 건너편 응원석에서 붉은 악마 응원단이 태극기가 그려진 대형 현수막을 펼쳤습니다.

축구는 사람들의 열띤 응원에 힘입어 우리나라 대표팀이 1 대 0으로 이겼습니다.

경기가 끝나고 우람이네 가족은 대표 선수들이 타고 갈 버스 앞에서 선수들을 기다렸습니다. 경기를 마친 선수들이 나오자, 아빠는 우람이가 가장 좋아하는 축구 선수의 사인을 유니폼 티셔츠에 받았습니다. 'KOREA 파이팅'이라는 문구도 함께 받았습니다. 우람이는 기뻐서 팔짝팔짝 뛰었습니다.

"아빠, 이 유니폼은 죽을 때까지 간직할 거예요."

"그래야지. 아빠는 우리 대표 선수들처럼 우람이 세대도 자라서 대한민국의 이름을 세계에 더욱 널리 알리면 좋겠구나."

그러고 보니 대표 선수 유니폼의 KOREA란 글자와 태극기가 정말 멋있어 보였습니다. 우람이는 갑자기 우리나라 국기와 애국가, 영문 이름인 KOREA가 언제, 어떻게 정해졌는지 궁금해졌습니다.

태극기, 애국가, KOREA

국기는 국가 이미지를 대표하는 상징물입니다. 우리나라에서 국기를 만들자는 이야기는 대한 제국 이전부터 있었습니다. 1800년대 후반 일본을 비롯한 미국, 영국, 프랑스, 독일 등 서양의 여러 나라들이 조선의 개방을 요구했습니다. 당시 흥선 대원군이 쇄국 정책을 앞세워 거세게 저항했지만 신식 무기를 앞세운 서양인들의 요구에 개방을 할 수밖에 없었습니다.

그런데 외국 사신과 조약을 맺을 때 보니, 나라마다 다 국기가 있는데, 조선은 국기가 없었습니다. 이에 고종은 국기의 필요성을 느끼고 태극 문양을 바탕으로 한 국기를 만들도록 했습니다. 그 국기의 모양이 조금씩 바뀌어 지금의 태극기가 되었습니다.

국가는 한 나라를 상징하는 공식적인 노래입니다. 사실 〈애국가〉는 나라를 사랑하는 내용을 담은 노래이지 정식 국가는 아니었습니다.

1800년대 후반에 각종 〈애국가〉가 널리 불리기 시작하여 당시 각 지방에서 불린 〈애국가〉만도 10여 종류가 넘었다고 합니다. 지금 우리가 부르는 〈애국가〉의 가사는 누가 지었는지 정확히 알 수 없지만, 대한민국 정부 수립 이

전까지는 스코틀랜드 민요인 〈올드 랭 사인〉 곡조에 가사를 붙여 불렀다고 합니다. 정부 수립 이후부터는 안익태가 작곡한 〈한국환상곡〉에 가사를 삽입한 〈애국가〉가 대한민국 국가로 인정되어 지금에 이르고 있습니다.

우리나라의 영어 이름이 'KOREA'로 알려진 것은 대략 1800년대 후반이라고 합니다. 하지만 거슬러 올라가 보면, 그보다 1,000년 전인 고려 시대에 그 유래가 있습니다.

고려의 무역항인 벽란도에는 많은 아라비아 상인들이 드나들었습니다. 당시 예성강 하류에 위치한 벽란도는 국제 무역 항구였습니다. 송나라, 왜나라 상인은 물론이고 아라비아 상인들까지 자주 드나들었다고 합니다.

벽란도는 외국으로 나가거나 개성으로 들어오기 위해 반드시 거쳐야 하는 고려의 관문이었습니다. 벽란도 부근 언덕에는 벽란정이 있어 외국의 사신 일행이 도착했을 때와 떠나기 전에 이곳에서 묵었습니다. 무역과 외교의 관문이었던 벽란도가 고려 제1의 항구로 발전하면서 상인들에 의해 고려의 발음과 비슷한 'COREA'라는 이름이 생겨났다고 합니다. 그리고 1800년대 후반에 영어권에서 'C'가 'K'로 바뀌어 'KOREA'가 되었습니다.

한일 병합 조약까지의 주요 사건

1875년, 운요호 사건
일본이 운요호를 보내 강화도 앞바다를 공격한 사건이다. 조선이 강화도의 초지진에서 포격을 하며 맞서자, 일본은 그저 물을 구하러 가까이 접근했는데 포격을 받았다고 주장하며 협상을 강요했다.

1876년, 강화도 조약 체결
운요호 사건을 꼬투리 잡아 조선과 일본 사이에 맺어진 불평등 조약이다. 부산 이외에 인천과 원산 항구를 열고, 일본이 조선 해안을 자유롭게 측량할 수 있게 되었다.

1882년, 제물포 조약 체결
임오군란 때 일본 공사관이 불에 타자, 일본은 이를 빌미로 서울에 일본군 1개 대대를 머물게 하였다.

1885년, 청일 간 톈진 조약 체결

갑신정변으로 조선에 대한 청나라의 영향력이 커지자, 일본은 청에게 조선에서 청일 양국 군대를 모두 철수하자고 했는데 청나라가 톈진 조약에서 이를 받아들였다.

1894년, 청일 전쟁 발발

청나라가 톈진 조약을 일방적으로 깨뜨리고 조선에 군대를 보내자, 일본이 군함을 동원해 청나라의 함선들을 공격함으로써 청일 전쟁이 일어났다. 결국 일본이 승리함으로써 청나라는 조선에서 물러날 수밖에 없었다.

1894년, 갑오개혁 추진

동학 농민 운동 진압 후, 조선 정부는 자주적으로 나라를 개혁하기 위해 교정청을 만들었다. 그러나 일본은 경복궁에 군대를 들여보내 정부 관리들을 총칼로 위협한 후, 군국기무처를 만들고 개혁을 추진하였다.

1895년, 을미사변

조선의 왕후인 명성 황후가 일본을 견제하기 위해 러시아와 가깝게 지내자, 일본은 군대와 자객들을 경복궁에 들여보내 명성 황후를 무참히 죽였다.

명성 황후의 초상

1904년, 러일 전쟁 발발

일본과 러시아가 동아시아를 차지하기 위해 벌인 전쟁이다. 일본이 동맹을 맺은 영국으로부터 대대적인 지원을 받음으로써 승리하였다. 이로 인해 러시아는 동아시아에서의 모든 권리를 포기해야만 했다.

1904년, 제1차 한일 협약 체결

러일 전쟁 중 일본이 대한 제국 정부를 위협하여 억지로 맺은 조약이다. 대한 제국의 정치를 간섭하기 위해 일본인 고문이 파견되었다.

1905년, 제2차 한일 협약(을사조약) 체결

'대한 제국의 외교권을 일본에 넘길 것'과 '대한 제국 정책은 일본인 통감의 허가를 받을 것'을 승인하였다. 이로써 대한 제국은 일본의 보호령이 되었다.

1907년, 고종의 강제 퇴위

고종은 네덜란드 헤이그에서 열린 만국 평화 회의에 이준, 이상설, 이위종으로 꾸려진 특사단을 보내 일본의 만행을 전 세계에 알리려고 했다. 일본은 제2차 한일 협약에 어긋난다며 이를 구실로 고종을 강제로 물러나게 했다.

대한 제국의 황제 고종

1907년, 한일 신협약 체결

순종을 위협하여 억지로 체결한 조약이다. 각부 장관 밑에서 실질적으로 일하는 차관들을 모두 일본인으로 써야 한다는 내용이었다. 이 조약으로 모든 정책이 일본인 통감에 의해 휘둘리게 되었다.

1907년, 군대 해산

일본은 대한 제국 정부의 재정이 어렵다는 이유로 대한 제국의 군대를 강제로 해산시켰다. 해산된 대한 제국 군대는 의병 부대와 힘을 합쳐, 일본군과 전투를 벌였다.

1909년, 기유각서 체결

이 조약으로 대한 제국 정부는 사법권과 경찰권을 일본에 빼앗기게 되었고, 이 틈을 타서 일본군이 의병을 합법적으로 탄압할 수 있게 되었다.

1910년, 한일 병합 조약 체결

'대한 제국 정부의 모든 권한을 일본 정부에 넘길 것'을 승인한 조약이다. 이토 히로부미 통감이 안중근 의사에게 피살되자, 신임 통감으로 데라우치 통감이 부임했다. 데라우치가 이완용을 비롯한 친일파들을 대한 제국의 대표로 삼아 조약을 체결함으로써 대한 제국은 일본의 정식 식민지가 되고 말았다.

14장
할아버지, 아빠 그리고 나

역사에 대해 생각하다 보니 우람이에게 궁금한 점이 하나 생겼습니다. 역사는 누구에 의해서 어떻게 만들어지는 걸까요? 아빠에게 물어보니 할아버지가 항상 강조하는 말을 다시 생각해 보라고 합니다.

"역사란 우리 모두가 만드는 거야. 그만큼 나 한 사람의 역할이 중요하다는 거지. 할아버지도 늘 그냥 되는 것은 하나도 없다고 하시잖니. 열심히 공부하고 노력해야 해. 옛날에 힘들게 고생한 것 잊어버리고 아무렇게나 살면 다시 힘든 일을 겪게 된단다. 우람이는 할아버지나 아빠가 사는 세상보다 좀 더 나은 세상에서 살아야 하지 않겠니?"

우람이의 할아버지는 일제 강점기에서 해방을 맞이한 1945년에 태어났습니다. 할아버지가 살아온 시대는 정말 혼란스러웠습니다. 우리나라는 일본에 나라를 빼앗겼다가 제2차 세계 대전 때 일본이 연합군에게 패함으로써 마침내 독립을 했습니다.

하지만 우리나라는 해방과 동시에 남북으로 나뉘게 되었고, 몇 년 뒤 6·25 전쟁까지 일어났습니다. 전 국토가 폐허가 되었고, 수많은 사람들이 다치거나 죽었습니다. 남북이 맞선 상태로 군사 분계선이 그어졌습니다. 전쟁은 멈추었지만 국토가 잿더미가 되어 먹고살 길이 정말 막막했습니다.

해방 이후 수립된 대한민국 정부도 매우 혼란스러운 상태였습니다. 초대 대통령이었던 이승만 대통령은 나라를 안정시키기보다는 장기 집권을 통해 권력을 계속 유지하려고만 했습니다. 더 이상 지켜볼 수 없었던 학생들과 국민들은 4·19 혁명을 일으켜 이승만 정권을 몰아냈습니다. 곧이어 5·16 군사 정변도 일어났습니다.

그 혼란 속에서 할아버지는 젊은 시절 안 해 본 일이 없다고 했습니다. 도시로 와서 길거리에서 장사도 하고 공사장, 공장에서 밤낮없이 일을 했다고 합니다.

또 할아버지는 죽음을 무릅쓰고 돈을 벌기도 했답니다. 베트남 전쟁 때 정부가 우리 군인을 파병했는데, 이때 할아버지도 스스로 지원해서

베트남 전쟁에 참가했다고 합니다. 할아버지는 총탄이 빗발치는 전장에서 번 돈을 한국의 가족에게 보냈습니다.

결혼을 해서는 중동으로 가서 건설 노동자가 되어 돈을 벌었습니다. 섭씨 40도가 넘는 뜨거운 태양 아래에서 굵은 땀을 흘리며 일을 했답니다. 할아버지가 베트남 전장에서, 중동의 공사장에서 힘들게 번 돈은 국가에도 보탬이 되어 오늘날 우리나라가 발전하는 데 큰 역할을 했습니다.

그럼에도 할아버지는 자식들을 충분히 뒷바라지해 주지 못한 것 때문에 마음이 아프다고 합니다. 큰고모를 대학에 못 보낸 것도 늘 마음에 걸린다고 합니다. 당시 큰고모는 청계천의 옷 만드는 공장에서 일을 하며 어려운 가정에 보탬이 되었다고 합니다. 열악한 근무 환경에서 하루에 열두 시간 넘게 일해 동생들의 학비를 보탰다고 합니다.

아빠의 학창 시절 또한 아픈 역사를 가지고 있습니다. 그중 하나가 1980년 광주에서 일어난 5·18 민주화 운동입니다. 1979년 10월 26일, 박정희 대통령이 암살되었습니다. 이 사건을 수사하는 과정에서 전두환 보안 사령관을 비롯한 신군부 세력이 권력을 차지하며 군사 독재를 했습니다. 이때 수많은 학생과 시민들이 민주주의를 요구하며 시위에 참여했습니다. 신군부 세력은 특히 광주에서 자주 시위가 일어나자 진압군을 보내 폭력으로 진압을 했습니다. 그러자 학생들과 광주 시민들이 분노하여 더욱 적극적으로 시위에 나서게 되었다고 합니다. 이 과정에서 많은 사람이 죽거나 실종되었습니다.

1987년 6월에도 대한민국에서 전국적으로 민주화 운동이 일어났다고 합니다. 바로 6·10 민주 항쟁입니다. 당시에 아빠도 시위에 적극적으로 참여했다고 합니다.

빠른 경제 성장이 계속되리라 여겼지만, 1997년에는 외환 위기가 닥쳤습니다. 이때 우리 정부가 국제 통화 기금(IMF)에 돈을 빌려 달라고

요청했습니다. 그동안 우리나라는 경제를 개발하면서 많은 외국 돈을 빌려 썼는데, 우리나라에서 가지고 있던 외화가 바닥나 외국에 빌린 돈을 갚지 못하게 되었던 것입니다.

   국제적 경제 활동에 어려움이 닥치자, 결국 정부는 1997년 12월 3일에 국제 통화 기금 등 국제 금융 기구로부터 외화를 지원받아 어려운 고비를 넘겼습니다. 하지만 기업들이 줄줄이 망하고 실업자 또한 많아졌습니다. 아빠도 이 무렵 다니던 회사가 부도나는 바람에 직장을 그만두

고 한동안 실업자가 되었다가 얼마 뒤에 다시 취직을 할 수 있었답니다.

그러고 보니 할아버지나 아빠가 살아오면서 겪은 일은 개인의 역사인데 우리나라 역사가 고스란히 담겨 있습니다. 우리나라의 중요한 사건이나 상황이 할아버지와 아빠의 삶과 연결이 되어 있습니다.

"우람아, 너희가 살고 있는 지금 이 시간도 훗날 역사의 일부분이 될 거야. 미래의 역사책에는 지금 학교에서 일어나는 다양한 일들도 기록될 테니까. 또 우리나라 아이돌 스타의 노래가 유튜브에 올라 세계 여러 나라에서 조회가 되는 등 급속도로 퍼지고 있는 한류 문화도 한국사인 동시에 세계사가 될 거고 말이지. 이 시대의 모든 것이 훗날 역사의 한 부분을 장식할 거야. 그러니까 할아버지, 아빠 그리고 네가 살아가는 모든 과정이 역사라고 이해한다면, 한국사를 공부하면서 우리 조상들이 대대로 이 땅에서 어떻게 살아왔는지 보다 쉽게 이해할 수 있을 거야."

열살 한국사

민주주의의 꽃, 선거

어린이 여러분도 학급 회장을 뽑을 때는 선거를 합니다. 후보가 되고 싶은 친구가 출마를 하겠다는 뜻을 먼저 다른 친구들에게 밝히고 후보가 됩니다. 그리고 후보들이 앞에 나와 각자 자기의 주장을 반 친구들에게 발표하게 되지

요. 돌아가며 자기가 회장이 되면 어떻게 학급을 이끌 것인지 약속이나 다짐을 공개적으로 이야기할 기회를 갖습니다. 후보 각자의 주장을 듣고 나서 반 친구들 모두 후보 중 누구를 지지하는지 투표를 하게 됩니다. 투표에서 가장 많은 표를 얻은 후보가 회장이 되어 한 학기 동안 반의 이런저런 일들을 맡아 하게 됩니다.

나라의 선거도 회장 선거를 할 때와 비슷합니다. 국가를 통치하는 대통령이나 국회 의원 등을 뽑기 위해 선거를 합니다. 국민을 대신해서 일할 대표를 뽑는 것이기에 선거는 반드시 필요한 일입니다. 그래서 선거를 '민주주의의 꽃'이라고 부릅니다.

선거를 할 때 국민들은 여러 후보자들의 공약을 들어 보고 나서 자신이 원하는 후보에게 투표를 합니다. 즉, 국민들은 투표를 통해 자신의 정치적 의견을 드러내는 것입니다. 선거를 통해 가장 많은 표를 얻은 후보가 당선자가 되어 국민을 대신해 일을 하게 됩니다.

민주주의의 꽃이라 할 수 있는 선거는 우리나라에서 다음과 같은 4대 원칙을 지켜서 행해지고 있습니다.

첫째, 국민으로서 일정한 나이가 되면 원칙적으로 누구에게나 선거권을 주는 보통 선거입니다. 둘째, 모든 선거권자는 누구나 똑같이 1인 1표의 투표권을 가지게 되는 평등 선거입니다. 셋째, 국민이 직접 후보자에게 투표하는 직접 선거입니다. 넷째, 선거인이 어떤 후보자에게 투표하였는지를 모르게 하는 비밀 선거입니다. 보통 선거, 평등 선거, 직접 선거, 비밀 선거 이 네 가지 원칙이 꼭 지켜져야 합니다.

   그런데 만약 많은 국민들이 투표를 하지 않으면 어떻게 될까요? 한 지역의 투표율이 낮으면 낮을수록 그 지역의 사람들이 바라는 뜻이 제대로 전달되기 어렵습니다. 어떤 후보가 그 지역을 가장 잘 발전시킬 수 있는지 알아보고 많은 사람들이 투표에 참여할 때, 당선자는 그 뜻을 모아 올바른 정책을 행하게 됩니다. 선거를 통한 한 표의 행사는 국민의 당당한 권리이자 국민의 소중한 의무입니다.

민주화 과정의 주요한 사건들

4·19 혁명(1960년 4월 19일)

대한민국 초대 대통령인 이승만 대통령 때에 공무원들의 부정부패와 무능으로 우리나라 경제는 여전히 어려웠다. 게다가 이승만 대통령이 부정 선거로 장기 집권까지 하려고 했다. 이에 분노한 학생들과 시민들이 들고일어난 것이 4·19 혁명이다.

4·19 혁명 당시 시위에 나선 시민들

5·16 군사 정변(1961년 5월 16일)

육군 소장 박정희를 중심으로 육군 사관 학교 장교들이 제2공화국을 무력으로 무너뜨리고 정권을 장악한 사건이다. 박정희 대통령이 이때부터 18년간 독재 정치를 했다. 당시 우리나라 경제가 크게 발전하기는 했지만 독재로 장기 집권을 함으로써 민주주의의 발전을 더디게 하였다.

10·26 사태 (1979년 10월 26일)
박정희 대통령과 측근들의 회식 장소에서 김재규 중앙정보부장이 대통령을 암살한 사건이다. 유신 체제로 인한 학생 운동으로 정국이 혼란해지자, 대통령 주변의 권력 다툼 때문에 일어났다. 당시 사건을 조사하던 전두환 사령관이 군사 정변을 일으키고 계엄령을 선포했다.

5·18 민주화 운동 (1980년 5월 18일)
전남 및 광주 시민들이 계엄령 철폐와 전두환 비상 계엄 사령관의 퇴진 등을 요구하며 벌인 민주화 운동이다. 전두환 사령관을 중심으로 한 신군부 세력은 군대를 동원해서 광주 시민들의 시위를 진압하여 많은 희생을 가져왔다.

6·10 민주 항쟁 (1987년 6월 10일)
전두환 대통령 정권 말기 서울대 학생 박종철 군이 고문으로 숨을 거두자, 이 사건을 계기로 독재 정권을 몰아내기 위해 시작된 전국적인 민주화 운동이다. 여기에 연세대 학생 이한열 군이 최루탄에 맞아 사망하자, 학생과 시민들이 대대적으로 시위에 참여했다. 이로 인해 대통령을 국민의 손으로 직접 뽑는 등, 우리나라의 민주주의가 크게 앞당겨졌다.

15장
효린이의 전학

종례 시간에 담임 선생님이 효린이를 부르더니, 앞에 나와 인사를 하라고 했습니다. 반 아이들이 어리둥절해하는데 효린이가 말했습니다.

"3반 친구 여러분! 아빠 직장 때문에 내가 전학을 가게 됐어. 그동안 정말 즐거웠어. 잊지 않고 연락할게."

아니, 3반의 한자 박사 효린이가 갑자기 전학을 가다니요? 3학년에 올라와서 우람이의 첫 짝이었던 효린이였습니다. 장난친다고 효린이에게 핀잔도 많이 들었지만, 예쁘고 야무진 효린이를 우람이는 속으로 좋아했습니다.

선생님은 효린이의 아빠가 공무원인데 이번에 세종특별자치시에서 근무하게 되어 전학을 간다고 했습니다. 우람이는 쪽지에 휴대 전화 번호를 적어 효린이에게 전해 주었습니다.

"효린아, 연락해. 나도 연락할게."

학교 끝나고 학원에 갔다 와서 저녁을 먹는데 우람이는 기분이 왠지 우울했습니다. 엄마, 아빠가 우람이의 눈치를 살피며 물었습니다.

"우람아, 왜 그러니? 학교에서 무슨 일 있었어?"

"아빠 회사는 세종특별자치시로 안 옮겨요?"

갑작스런 질문에 아빠는 어안이 벙벙한 표정을 지었습니다. 엄마가 슬며시 미소를 지었습니다. 엄마는 효린이가 전학을 간다는 것을 이미 알고 있었나 봅니다. 식사가 끝나고 엄마를 통해 효린이가 전학 간다는 것을 전해 들은 아빠가 우람이의 방으로 들어왔습니다.

"우람아, 효린이가 전학 가게 돼서 섭섭한 모양이구나."

"아이참, 세종특별자치시를 왜 만든 거야."

"우람아, 정부에서 세종특별자치시를 괜히 만들었겠니? 다 이유가 있지."

그때 우람이의 휴대 전화가 울렸습니다. 효린이가 우람이에게 문자를 보낸 겁니다.

'우람아, 잘 지내. 나도 전학 가서 잘 지낼게. 네가 우리 3반 친구들

얘기를 가끔씩 전해 주면 좋겠어.'

효린이의 문자를 받은 우람이의 얼굴이 한결 밝아졌습니다.

"우람아, 아빠와 함께 드라이브 갈까?"

아빠가 우람이의 기분을 풀어 주려고 자동차로 서울 시내를 구경시켜 주었습니다. 불에 탔던 국보 1호 숭례문 앞을 지나, 장영실이 만든

자격루가 있는 덕수궁을 지났습니다. 광화문 앞을 지날 때에는 임진왜란 때 큰 공을 세운 이순신 장군 동상과 한글 창제 등 수많은 업적을 쌓은 세종 대왕의 동상도 보였습니다. 그리고 그 뒤에 조선 왕조 500년의 역사를 품고 있는 광화문과 경복궁이 있었습니다.

3·1 만세 운동의 숨결이 묻어 있는 탑골 공원을 지날 때는 '대한 독

립 만세!'의 함성이 울려 퍼지는 듯했습니다. 그리고 조선 시대 왕들의 혼이 살아 숨 쉬는 종묘를 둘러볼 때는 마치 세종 대왕과 정조 대왕이 금방이라도 살아 돌아올 것처럼 느껴졌습니다.

아빠와 자동차를 타고 바깥 구경을 하다 보니 우람이의 기분이 한결 나아졌습니다.

'그래, 역사가 흐르듯 시간이 흐르면 나도 언젠가 다시 효린이랑 만나게 될 거야.'

이런 생각을 하자, 우람이의 얼굴이 다시 예전처럼 씩씩하고 밝아졌습니다.

국토의 균형 발전

지금 우리나라를 보면 지역 간의 차이가 많이 납니다. 수도권인 서울특별시, 인천광역시, 경기도에 우리나라 전체 인구의 절반이 넘게 살고 있습니다. 정부 기관, 공공 기관, 회사도 가장 많이 몰려 있습니다. 그만큼 정치, 경제, 문화 등의 모든 분야가 수도권에 치우쳐 있다고 할 수 있습니다.

그런데 이렇게 지역 차이가 많이 나면 한 나라에 살면서도 어느 지역에 사느냐에 따라 삶의 차이가 많이 납니다. 그래서 정부에서는 도시와 농촌, 어촌, 지방 중소 도시의 균형 잡힌 발전을 통해 국민 모두가 행복한 삶을 살 수 있도록 많은 노력을 기울입니다.

세종특별자치시를 만든 것도 그런 뜻이 담겨 있습니다. 여러 정부 기관을 이곳으로 옮겨 공무원 등 인구가 늘어나면 학교, 병원, 상가, 회사 등이 생겨나게 되고, 경제 활동도 활발해져 지역이 발전하게 된다는 것입니다.

국토의 균형 잡힌 발전을 위한 노력은 오래전부터 있어 왔습니다.

고구려는 수도인 평양 이외에 한성과 국내성을 설치하여 정치적, 군사적 중심지로 삼았습니다. 한성과 국내성은 지금의 광역시에 해당합니다.

백제의 지방 행정 조직으로는 수도의 5부제와 지방의 5방제가 있었습니다. 5방은 전국을 동·서·남·북·중앙의 다섯 개 지역으로 나눈 것을 말합니다.

신라는 각 지방에 지방관을 파견하고 그 지역을 감독했습니다. 그리고 중원경(지금의 충주)과 동원경(지금의 강릉), 즉 2소경을 설치했습니다.

통일 신라 시대에는 지방에 9주 5소경을 두었습니다. 통일 신라는 수도인

경주가 지리적으로 동남쪽에 치우쳐 있는 것을 보완하기 위해 특별 행정 구역인 5소경을 설치했습니다. 5소경은 지금의 광역시에 해당합니다.

고려 시대에는 지방 행정 구역으로 전국에 12목을 설치하고, 지방관을 파견하여 다스렸습니다. 그러다가 995년에는 전국을 10도로 나눈 뒤 128주의 행정 기관을 두었습니다.

조선 시대 지방 행정 구역은 중앙에 한성부를 두고 전국을 8도로 나누고 그 밑에 부·목·군·현을 두었습니다. 경기도, 강원도, 충청도, 경상도, 전라도, 황해도, 평안도, 함경도로 나눠진 행정 구역은 지금까지 이어져 내려오고 있습니다.

지금처럼 교통과 통신이 발달하지 못했던 옛날에는 행정 구역을 나누고 지방관을 파견해 다스렸습니다. 이것은 왕권을 지키기 위한 수단이기도 했습니다. 지방 세력을 감시하고 중앙 정부에 보내는 세금을 걷기 위한 목적도 가졌습니다. 동시에 지역을 골고루 발전시키기 위한 노력도 계속되었습니다. 지역 사이의 원활한 교류를 위해 길을 만들고, 각 지역의 특성에 맞는 다양한 산업을 발전시키려는 노력이 있었습니다.

조선 시대의 행정 기관

의정부	행정부의 최고 기관으로 영의정, 좌의정, 우의정이 합의하여 국가 정책을 결정하였다. 의정부 밑에 육조를 두어 나랏일을 돌보도록 했다. 지금의 총리실과 비슷하다.
육조	고려와 조선 시대에 국가의 행정을 나누어 맡아보던 여섯 기관을 말한다. 이조, 호조, 예조, 병조, 형조, 공조를 일컫는데, 지금의 기획 재정부, 국방부, 문화 체육 관광부, 법무부 등의 부서와 비슷하다.
승정원	왕의 명령을 전달하는 역할을 하던 기관으로, 왕명으로 움직이는 금전이나 물품을 대신 전달하는 일도 맡았다. 지금의 대통령 비서실과 비슷하다.
홍문관	궁중의 경서나 문서를 관리하고 임금의 자문을 맡았던 기관으로, 지금의 대통령 자문 위원회와 비슷하다.
사헌부	정사를 논의하고 풍속을 바로잡으며 관리의 잘못 등을 조사하던 기관으로, 오늘날의 사법부와 비슷한 기능을 했다.

사간원	왕에게 옳지 못하거나 잘못된 일을 고치도록 권하는 일을 맡아보던 기관으로, 지금의 대통령 비서실의 민정 담당관실에 속한다.
의금부	왕의 명령을 받들어 중죄인을 신문하는 일을 맡아보던 사법 기관으로, 오늘날의 검찰청에 해당한다.
포도청	범죄자를 잡거나 다스리는 일을 맡아보던 기관으로 도적·화재 예방을 위한 순찰 등도 실행했다. 지금의 경찰청에 해당한다.
춘추관	시정(정치와 행정에 관한 일)의 기록을 맡아보던 기관으로, 지금의 정부 기록 문서 관리청과 비슷하다.
한성부	조선 시대 서울의 행정·사법을 맡아보며 관할하던 기관으로, 오늘날의 서울 시청과 비슷하다.

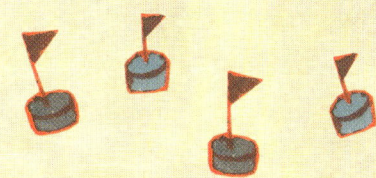

16장
세계 속의 대한민국

"역사란 인류의 발자취란다. 지구가 탄생하고 인류가 나타난 이후부터 지금까지의 과정을 아는 것이 역사를 배우는 것이지. 따라서 한국사를 공부하는 것은 우리나라 조상의 발자취를 찾아 떠나는 여행이라고 할 수 있어. 나의 아버지의 아버지, 할아버지의 할아버지를 죽 거슬러 올라가 어떤 과정을 거쳐 살아 왔는지를 알아 가는 거야. 우리의 조상이 없이 지금의 우리가 존재할 수 없는 거니까."

아빠의 말을 듣고 우람이는 역사를 배운다는 것은 참으로 중요한 일이라고 느꼈습니다.

"우람아, 지금 세계에는 70억 명이 넘는 사람과 약 230개의 국가가 있단다. 또 다양한 민족과 언어가 있지. 사람들이 살고 있는 땅의 지형과 기후, 자연환경도 각각 달라. 따라서 사는 모습도 저마다 다를 수밖에 없단다."

"아주 오래전에는 교통이 불편해서 다른 나라와 교류하기가 쉽지는 않았겠죠?"

"그렇지 않아. 그 옛날 인도의 불교가 중국을 거쳐 우리나라에 전파되어 통일 신라의 불국사, 고려의 〈팔만대장경〉 등 찬란한 문화가 탄생했잖니. 너, 실크 로드에 대해 들어 봤니? 중국에서 시작해 인도를 지나 지중해까지 연결된 무역로를 실크 로드 또는 비단길이라고 불렀지. 이 비단길을 통해 중국의 특산물인 비단이 서양에 전해졌단다. 네가 우리나라의 역사를 다 배운 다음에는 다른 나라의 역사도 살펴보면 좋겠구나. 다른 나라의 역사를 아는 것도 재미있지만, 우리나라의 역사와도 깊은 관련이 있으니까 말이야."

세계화 시대와 문화 교류

어린이 여러분도 '지구촌'이라는 말을 들어 봤을 겁니다. 지구촌이란 '문명의 발달로 온 인류가 서로 쉽게 왕래하고 통신할 수 있는 세상'이라는 뜻에서 나온 말로, 지구 전체를 한 마을처럼 생각하여 쓰는 말입니다.

교통의 발달로 다른 지역으로의 이동이 쉽고 빨라졌습니다. 그리고 인터넷과 통신 위성 덕분에 아무리 멀리 떨어져 있다 해도 같은 시간에 같은 내용의 뉴스를 볼 수 있습니다. 그러다 보니 인종이 다르고 사는 지역이 달라도 세계 여러 나라는 점점 서로를 가깝게 여기고 먹는 것, 입는 것, 노래, 춤 등 다양한 문화를 함께 공유하며 즐기게 되었습니다. 이것이 바로 세계화입니다.

때때로 우리 문화가 최고라 여기고 다른 나라의 문화를 업신여기는 친구들이 있습니다. 그 나라가 수백 년, 수천 년 간직해 온 고유한 전통문화의 가치를 살피지 못하고 경솔하게 말하는 것입니다.

진정한 세계화가 되기 위해서는 각기 다른 문화가 하나의 문화로 통합되어야 한다고 생각하는 친구도 있을 것입니다. 그러나 그것은 재미도 없을뿐더러 바람직한 일도 아닙니다.

진정한 세계화를 이루기 위해서는 세계 여러 지역 사람들의 다양한 삶과 문화, 역사를 인정할 줄 알아야 합니다. 또 활발한 문화 교류를 통해 다른 나라 문화의 좋은 점을 받아들임으로써 우리의 전통문화와 접목시키는 자세도 필요합니다.

이렇게 다른 문화의 좋은 점을 인정하고 받아들이면 새로운 문화를 만들 수 있는 바탕이 되어, 우리의 전통문화도 한층 더 발전하게 됩니다.

세계화를 통해 우리는 좁게는 대한민국의 국민으로, 넓게는 지구촌의 한 사람으로 전통을 지키면서도 다양성을 인정해야 합니다. 그래야 인류 전체의 문화 발전을 위해 함께 실천할 수 있는 일을 알게 될 것입니다. 이러한 생각들이 모여 평화와 정의가 실현되고 다 같이 어울려 지내는, 진정한 세계화가 이루어질 수 있습니다.

열 살에 꼭 알아야 할 한국사

초판 1쇄 발행 2014년 7월 29일
초판 6쇄 발행 2021년 4월 12일
글 | 김영호
그림 | 이용규
펴낸이 | 한순 이희섭
펴낸곳 | (주) 도서출판 나무생각
외주편집 | 이정아
편집 | 양미애 백모란
디자인 | 박민선
마케팅 | 이재석
사진제공 | 북앤포토
출판등록 | 1999년 8월 19일 제1999-000112호
주소 | 서울시 마포구 월드컵로 70-4 (서교동) 1F
전화 | 02)334-3339, 3308, 3361
팩스 | 02)334-3318
이메일 | tree3339@hanmail.net
블로그 | blog.naver.com/tree3339
홈페이지 | www.namubook.co.kr

ⓒ 김영호, 2014

ISBN 978-89-5937-361-1 73900

값은 뒤표지에 있습니다.
잘못된 책은 바꿔 드립니다.

※ 이 책에 실린 사진은 경주시(65쪽), 국립중앙박물관(28쪽, 92쪽, 122쪽), 뉴스뱅크(142쪽), 북앤포토(21쪽, 29쪽, 39쪽, 83쪽, 84쪽, 91쪽, 109쪽, 111쪽, 130쪽), 연합뉴스(121쪽), 위키백과(101쪽, 131쪽), 중앙일보(105쪽)에서 대여했습니다.